これで考える力が ぐんぐんのびる!!

国語練習帳

工藤順一（国語専科教室代表）［著］

もっと楽しく、もっと自由に
「考える」ための13のレッスンに
チャレンジ!!

合同出版

読者のみなさまへ

考える人間になって欲しい。テストで点数を取るためのその場限りの勉強などは、はっきりといいますが、できなくてもよいのです。本来の勉強は、考えるようになるための訓練なのですから。日本と日本人の未来を考えるとき、そのように願わずにいられないのは私のみではないはずです。

学力問題がかまびすしく言われる中で、考えることの教育はどうなっているのでしょうか。「自ら考える子どもを育てる」などというかけ声は聞きますが、それもまた読書指導と同じく、どんな具体的な方策も講じられているようには思えません。暗記力と処理速度がものを言う一時間程度のテスト問題ができるというだけで、時間をかけて粘り強く考える力など本当はないのに、頭がよいとか天才だとか錯覚してしまい学齢期を過ごしてしまう入試や学校の現状を憂います。

人間の能力は、現在のテストで測りきれないことははっきりしています。時間をかけて考え抜かれた発言や意見は、私たちをより広いところに連れてゆき、より多くの人々の共感を得たり、より広い視野でものを見せてくれたり、困難な問題を解決したりすることに役立つ可能性があります。すなわち、それは私たちと人間全体の向上に役立つのです。

レッスン1から12は、「考える」とはこのようにすることだと具体的に示したものです。レッスン13は、十二の項目を一枚のシートに組み込んでマトリックスにしたものです。「考えるシート」は、作文の強力な発想支援ツールです。

能動的に考えることと、受動的に考えさせられることは正反対のことです。考えることにとって大切なのは、その能動性、つまり自主性＝内発性であり、自由であることです。それは楽しさの中で味わえるものでしょう。ですから、くれぐれもお願いしたいのは、本書を受け身的に考えさせる問題集のようには扱わないでいただきたいということです。

この本を未来に生きる子どもたちに捧げます。

東日本大震災後の２０１１年４月　国語専科教室　工藤順一

もくじ

本文デザイン＝佐藤 健十六月舎
組版＝株式会社宗美

Lesson 1

言いかえる

何でも身近なものを言いかえてみる

あなたの身近にあるものをとりあげて、それを他の言葉で言いかえてみましょう。言いかえるとき、あなたはきっと、「はたして、それでいいのかな?」「これできちんと言いかえられているかな?」と考えることになるでしょう。

たとえば、「鉛筆」を言いかえてみましょう。「書くときに使うもの」と言いかえたとします。でも、「書くときに使うもの」には、シャープペンシルもあるし、ボールペンもあります。この言いかえだけでは少したりませんね。鉛筆を正しく言いかえるためには、もっと詳しい説明が必要です。辞典や事典を参考に考えてみてください。

言葉以外のもの、たとえば数字や図形も言葉で言いかえることができます。挑戦してみましょう。

言いかえてみたら、必ずその言葉を辞書や事典で調べて、確かめてみるとよいでしょう。

また逆に、辞書や事典に載っている説明文から、その説明されている言葉を連想してみるのもおもしろいでしょう。

なお、AをBに言いかえるとき、できるだけA=Bになるようにしますが、完全にA=Bになることはありません。どうしてもちがいは出てきます。その場合のちがい、つまりニュアンスの差についても考えてみると、新しい発見があるかもしれません。

問1

次の言葉を他の言葉で言いかえてみましょう（むずかしく考えずに思い浮かんだことを書いてみてください）。

本	（例） ある考えや物語が書かれた紙をとじたもの。
足	
鼻	
クジラ	
葉	
学校	
右と左	
走る	
楽しい	
とにかく	
あなた	
北	

問2

次の数字を数字を使わずに、他の言葉で言いかえてみましょう（数という言葉は使ってもよいが、数字を使わないこと。これは算数ではなく国語の問題です）。

1	2	3	4	5	6	7	8	9
	（例）偶数の最小の数							

問3

次の図をできるだけ短い言葉で言いかえてみましょう。

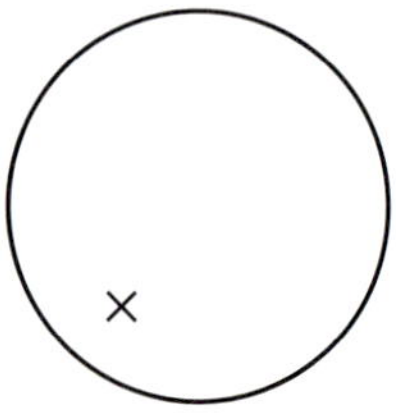

（例）円の内側、左下の位置に×が含まれている。

①

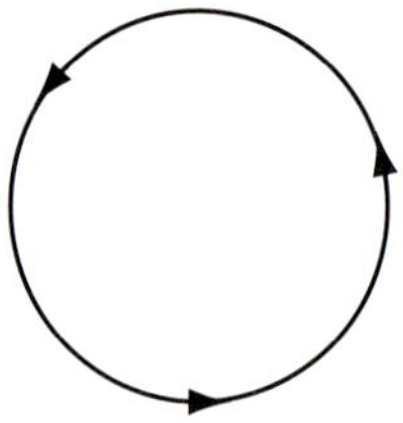

②

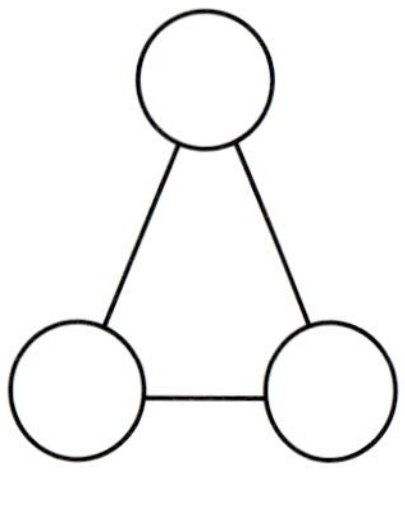

問4 下記の国語辞典の解説文を参考に、□の中に「あ」ではじまる言葉を入れましょう。

①
□□

㈠灰を水に浸した時の上澄み。〔狭義では、灰を指す〕㈡植物に含まれる、えぐい成分。「ワラビの―を抜く」㈢他人にはやや抵抗が感じられる強い個性。「―が強い」

②
□□□

人が静かにしておこうと思うものを、ことさら人目に触れるようにする。ことに、人が有意的に隠そうとしている悪徳・非行や、ともすれば多くの人が見逃しがちな構造的な欠陥などを、遠慮なく衆の前に摘出する。「墓を―：本質（秘密）を―：悪事を―〔＝他人の秘密を探り出して発表する〕」

③
□□□□□

〔手紙などで〕そうなった事情を説明した上で、先に述べた事を、どうか悪く取らないでほしいという気持を表わす。「―〔＝どうか〕御了承下さい」

④
□□

㈠さりげ無く織り成してある何かの形や彩りで、少し離れて見ると美しさが分かって来るもの。〔狭義では、斜線の交錯による模様を指す〕㈡表面を形式的に見る限りは分からないが、たどって行くと諒解（リョウカイ）出来る、入り組んだ構成。「言葉の―・事件の―・文章の―〔＝書き手が特に苦心した言い回し。含蓄の有る表現や微妙なニュアンスなど〕」

⑤
□□□

㈠（副）間近にまで迫って来た危機に危うく巻き込まれる寸前であったことを表わす。「―〔＝もう少しで〕血の雨が降るところだった・―、というところで電車が止まり助かりました」㈡（感）「―〔＝大変だ、あぶない〕と思う間もなく」

（『新明解国語辞典』三省堂）

問5

次の詩を読み、後の問いに答えましょう。

驢馬《ろば》

大人になった兎《うさぎ》。

蜥蜴《とかげ》

私がもたれている石垣の割れ目からひとりでに生れて来た子供のように、彼は私の肩に匍《は》い上がって来る。私が石垣の続きだと思っているらしい。なるほど、私はじっとしている。それに、石と同じ色の外套《がいとう》を着ているからである。それにしても、ちょっと私は得意である。

塀《へい》――「なんだろう、背中がぞくぞくするのは……」

蜥蜴――「俺だい」

蚯蚓《みみず》

こいつはまた精いっぱい伸びをして、長々と寝そべっている――上出来の卵饂飩《うどん》のように。

蛇《へび》

長すぎる。

蝸牛《かたつむり》

風邪《かぜ》の季節には出嫌いで、例の麒麟《きりん》のような頸《くび》をひっこめたまま、蝸牛は、つまった鼻のようにぐつぐつ煮《に》えている。

いい天気になると、精いっぱい歩き回る。それでも、A舌で歩くだけのことだ。

蜘蛛《くも》

B髪の毛をつかんで硬直《こうちょく》している、真っ黒な毛むくじゃらの小さい手。

蝶《ちょう》

C二つ折りの恋文が、花の番地を捜《さが》している。

蜻蛉《とんぼ》

彼女は眼病の養生《ようじょう》をしている。
川べりを、あっちの岸へ行ったり、こっちの岸へ来たり、そして腫《は》れ上がった眼を水で冷やしてばかりいる。
じいじい音を立てて、まるで電気仕掛けで飛んでいるようだ。

蛍《ほたる》

いったい、何事があるんだろう？　もう夜の九時、それにDあそこの家《うち》では、まだ明りがついている。

蟻《あり》

一匹一匹が、３という数字に似ている。
それも、いること、いること！
どれくらいかというと、333333333333……ああ、きりがない。

あぶら虫

鍵穴《かぎあな》のように、黒く、ぺしゃんこだ。

蚤《のみ》

E弾機《ばね》じかけの煙草《たばこ》の粉。

ルナール『博物誌』（岸田国士訳・新潮社・1954年）

(1) ――線Aから――線Eまで、それぞれの文は、虫たちのどんなようすを述べたものでしょうか。説明してみましょう。

A

B

C

D

E

(2) ここであげた詩の中から、あなたの好きな詩を一つ選び、その理由を説明してみましょう。

好きな詩	理由

(3) 同じような詩を作ってみましょう。

題「　　　　」	〈詩〉
題「　　　　」	〈詩〉

Lesson 2

整理し、分類する

考えることは、頭の中を整理すること

あなたの机の上は整理されていますか。机の上で何かをしようとするとき、そこが散らかっていては何もできませんね。

考えるときも同じです。頭の中が整理されていなければ、考えることはなかなかできるものではありません。

ですから、「考えること」は「整理すること」と言いかえることができるかもしれません（中には、「整理されていると考えられない」と言う人もいますが、その場合は、「考え」ではなく、「思いつき」に近いと思います）。

さて、整理と一口に言っても、さまざまな整理の仕方があります。それは考える対象によっても、考える人によっても異なってきます。算数や数学とちがい、考えることには、たった一つのやり方や正解しかないということはありえません。

ここでは、さまざまな整理の仕方を練習してみましょう。

ちなみに、ちがうものの中に、共通する同じ性質を認めてひとくくりにして、新しい名前をつけることを「カテゴライズする」と言います。

問1 1〜9までの数を何通りかに整理して分類してみましょう。また、その際に、何を基準として分類したのか、その基準も書いてみましょう。

2 4 6 8 / 1 3 5 7 9	1 2 3 4 5 6 7 8 9					
基準	基準	基準	基準	基準	基準	基準
(例) 2で割れる数と割れない数。	(例) 差が全部1で大きさの順に並べる。					

問2

あなたの知っている言葉を二〇個あげ、それらを何らかの基準で整理して分類してみましょう（仲間はずれのものがあってもよい）。

思いつく言葉を20個書く

整　理

言葉			
基準			

問3

朝起きてから夜寝るまで、昨日あなたはどんな時間を過ごしましたか。昨日一日を思い出して、書き出し、それらを整理してみましょう。最後に「昨日の一日」という題の日記を書いてみましょう。

昨日、あなたはどんな一日を過ごしましたか？

朝　昼　夜

題「昨日の一日」

問4

次の①〜③の課題に挑戦してみましょう（はじめにノートにメモしてから書いてください）。
①あなたの好きな食べ物を整理して分類しましょう。
②あなたの知っている大人を整理して分類しましょう。
③あなたの読んだ本を整理して分類しましょう。

① 食べ物	② 大人	③ 本
整理	整理	整理
基準	基準	基準

問5 次の文章を読み、後の問いに答えましょう。

ことばの始まり

①ことばは、どうしてできたのでしょうか。こんな話があります――「むかし、むかし、ある国に王さまがいました。この王さまは、あるとき、ふと、ことばはどうしてできたのだろうとふしぎに思うようになりました。国じゅうの偉《えら》い学者にたずねてみましたが、よく分かりません。そこで、自分で調べてみることを思いたちました。王さまは家来に命じて、生まれたばかりの赤ちゃんを宮殿《きゅうでん》に連れてこさせ、ひとつの部屋に入れて育てることにしました。赤ちゃんの世話をする人はもちろん、だれもこの赤ちゃんには話しかけてはいけないのです。そして、赤ちゃんがはじめてどういうことばをしゃべるか、注意深く見守っていました。とうとう、ある日、はじめて赤ちゃんがことばを発しました。調べてみると、それはヘブライ語だったということです。王さまはおごそかにこう申されました。『ヘブライ語こそ、世界のすべてのことばの中で最古のものである』」――というお話なのですが、どうでしょう。何かおかしいですね。しかも、この王さまはヘブライ語を使っている国の王さまだったということですから、ますます何かがおかしいですね。

②もうひとつのお話――こちらのほうはもっともっと昔のお話です。この世に住む人間といえば、まだ神様に造られたばかりのアダムひとり、というころのことでした。ある日、神様はアダムをお呼びになりました。そして、アダムにいろいろな動物、いろいろな植物などをつぎつぎにお見せになり、それぞれのもののナマエをお教えになりました。こうして、ことばが始まったというのです。

③このお話は、みなさんはどのように考えますか。たぶん、「でも、神様はどこでそのことばを習ったのか」とか、「だいたい神様なんて持ちだしてくるなんて、ずるいや。そんなことするなら、何だって説明できるよ」などと、きびしい質問や意見がだされることでしょう。ほんとうにそのとおり、このような疑問はまったく正しいものです。

④しかし、ひとつ考えておかなくてはならないことがあります。みなさんは昔話を聞いたことがあるでしょう。そのようなとき、みなさんは、そこで語られていることがすべてほんとうに起こったと思って聞いていますか。もちろん、そうで

はないでしょう。たとえば、動物たちが人間と同じことばを話さないことくらいは、だれだって知っています。だから大切なことは、そのような語り方をすることによって、昔の人たちは何を言いたかったのかを考える、ということではないでしょうか。

⑤「神様」を持ちだすことによって、昔の人たちはことばについて何を言いたかったのでしょうか。

⑥私たちは神様ではありません。しかし、よく考えてみますと、人間である私たちも、先の話の神様と同じように、ものにナマエを与えるということをしているのに気づくはずです。

⑦たとえば、お友だちからかわいい子ねこをもらって、家で飼《か》うことにしたとしましょう。みなさんは、きっとその子ねこにナマエをつけてやり、友だちが遊びにきたときなど、「この子ねこのナマエはコロチャン」などと言って教えてあげるでしょう。さっきの話で、神様がなさったというのと同じことをあなたがたがしているわけです。

⑧だれでも、自分でかわいい子ねこを飼うことにしたら、それにナマエをつけたくなります。なぜでしょうか。もちろん、その子ねこが自分にとって「大切な」ものだからです。その子ねこだけのナマエをつけることによって、その子ねこはそのあたりをうろつきまわっている名もないゴロネコちゃんとは区別された、あなたにとって大切なものとなるのです。

⑨あきこちゃんは、まだことばも十分にしゃべれない赤ちゃんだったころ、自分がいつも使っていた小さな毛布に「クイクイ」というナマエをつけていました。お昼寝のときも、夜寝るときも、眠くなってくると「クイクイ、クイクイ」といって、その毛布を持ってきてもらうのです。どの毛布でもよいというわけではありません。自分にとって、大切な大切な毛布はそれ一つだけで、それに「クイクイ」というナマエをつけていたのです。

⑩もし、ナマエをつけるということの意味がそのようなことだとしたら、人間はきっと自分のまわりのいろいろなものにナマエをつけずにはいられないはずです。ナマエをつけることによって、人間は自分にとって大切なものをそうでないものと区別していきます。そのような区別をするということは、人間が生きていくということのためにも必要です。そのようにしなくてはいられない人間の性質――そのようなことを昔の人は、「神様が教えた」ということで言いたかったのではないでしょうか。

池上嘉彦『ふしぎなことば　ことばのふしぎ』
（筑摩書房・１９８７年）

(1)　①から⑩の各形式段落ごとのまとめを書いてみましょう。

	①	②	③	④	⑤
まとめ					

	⑥	⑦	⑧	⑨	⑩
まとめ					

(2) (1)で作成した「形式段落ごとのまとめ」を参考にし、この文章全体のまとめを二〇〇字以内で書いてみましょう。

（20字×10行）

考えるヒント

●形式段落を内容（＝意味）ごとにさらにまとめてみます。すると、「ことばはどうしてできたのか」というはじめの問いかけ（＝主題）に対して、「Aでもなく、Bでもなく、Cである」という形で展開していることがわかります。その形をまとめ文にも活かして書いてみましょう。

Lesson 3

比べる

何かと何かを突き合わせてしらべてみる

国語学者の大野晋《すすむ》さんによると、「事柄《ことがら》を突き合わせてしらべる」のが「考える」という言葉の最古の使い方だということです（『日本語練習帳』・岩波新書）。ですから、「何かと何かを突き合わせてしらべてみる」のが「考える」ことの基本だということです。

それを少し発展させると、あれかこれか「比較」しながら、複数の要素を「組み立て」たり、「構成」したりする、そうしたことが考えるということになります。

「しらべる」のですから、ただ感じているだけではだめです。どんなことでも、当たり前に見えるようなことほど、きちんと意識して見なければなりません。

なお、AとBを比較する場合、「何が同じで、何がちがうか」に注目すると良いでしょう。

また、一つしかないものについては、思うことはできても、なかなか考えることはできません。そのようなときは、反対のものや似ているけれどちがうものと対比して考えると良いでしょう。たとえば、「戦争」について考える場合には、「平和」や「テロリズム」と対比させて考えると、考えが深まるでしょう。

問1 時計には大きく分けて、アナログ時計とデジタル時計の二種類があります。それらはどこがちがい、どこが同じでしょうか。具体的な例をあげながら考えてみましょう。

	アナログ時計
	デジタル時計
同じところ	
ちがうところ	

考えるヒント

- ●何に使うものだろうか。
- ●どんなときに使うものだろうか。
- ●どちらの時計が自分にとって見やすいだろうか。
- ●私たちはどちらの時計を主に使っているだろうか。そして、それはなぜだろうか。
- ●家・家族でいつも見ているものは？
- ●自分の部屋にあるものは？
- ●学校（校舎・教室）にあるものは？
- ●駅にあるものは？
- ●公園にあるものは？
- ●スポーツ競技場にあるものは？
- ●私たちはどうやって二つの時計を使い分けているだろうか。

問2

似ているけれどちがうものをあげて、それらを比較してみましょう。

	くつ スリッパ	本 コンピューター		
同じところ	（例）足にはく。			
ちがうところ	（例）はく場所。スリッパは室内ではき、くつは室外ではく。			

問3

次の詩を読んで、考えたり感じたりしたことを書いてみましょう。

冬眠

草野心平

●

草野心平『第百階級』（銅鑼社・1928年）

考えるヒント

●タイトルとイメージを比べて考えてみましょう。

〈考えたこと・感じたこと〉

母と舟

吉野弘

母は
舟の一族だろうか。
こころもち傾いているのは
どんな荷物を
積みすぎているせいか。

吉野弘『北入曽』より「漢字喜遊曲」の一節（1977年）

考えるヒント

●母という字と舟という字のイメージと意味を比べて考えてみましょう。

〈考えたこと・感じたこと〉

問4　次の文章を読み、後の問いに答えましょう。

『はてしない物語』の後半部で、主人公のバスチャンは、ファンタージェンの国から元の現実に帰ってくることが実に大変でした。そして、この物語の非常に重要な主題《しゅだい》がそこにあり、しかも他のファンタジーと一線を画《かく》するものがあるのではないかと私は思っています。本の世界に入ってしまうことは比較的簡単なのです。ですが、そこから脱出して自分の生きている現実に帰ってくることが、本当はいっそう大切でかつ困難なことなのです。

　でもバスチャンは実はどこへ帰ってきたのでしょうか。夢を見ていた子どもが目覚めたように、それは自分のからだ＝身体に帰ってきたのだと思うのです。

　読書において、どんなに主人公に感情移入《いにゅう》し、どんなに愛し、肩入れしても、最終的には自分はその主人公ではありません。そして人生の目的は本を読むことではなく、夢見ることでもなく、目覚めて生きることとです。しかも、自分の身体で、それこそ身を切るようにです。

　「見分ける」ということばの原義《げんぎ》は、「身分ける」ことだと言う哲学者（市川浩）がいますが、私たちは切れば血の出る身体を使いながら生きています。最近の学問（認知《にんち》意味論）が主張するには、客観的な知識などどこにもなく、実は私たちは人間が基準になった隠された身体のメタファーの中で生きているのです。たとえば宇宙は大きいと言います。でもそれはあくまでも人間に比べての話であって、人間のサイズから見た大きさでしかないでしょう。あるいは、人間には十本指があり、そこから十進法《じっしんほう》が生まれたとも聞きます。

　そのような身体は、たとえばパリやニューヨークにあこがれて、一時的にそれらの都市に滞在《たいざい》することはあっても、たいていの場合、旅行者としてであり、最終的にはこの日本に帰ってきて生きるのです。私たちはこの日本の都市をこそ、パリとかニューヨークのように豊かなものにしていかなければならないはずなのです。

　あるいは、宇宙飛行士は何のために宇宙まで出向くのでしょうか。それは宇宙から帰還《きかん》して、私たちに地球についての気づきをもたらすためであり、滅んでいく地球環境の再生＝新しい現実を作り出すためではないでしょうか。

　どんなにすばらしい本に夢中になっても、私たちは目覚めてわが身の生きる現実を直視し、そこから行動していかざるを得ないし、そうするべきです。しかも、今度はその本を読みその本を理解したまなざしでです。『はてしない物語』で古本屋のコレアンダー氏は帰ってきたバスチャンに次のように言います。

「絶対にファンタージェンにいけない人間もいる。いけるけれども、そのまま向こうにいきっきりになってしまう人間もいる。それからファンタージェンにいって、また戻ってくるものもいくらかいるんだな、きみのようにね。そして、そういう人たちが、両方の世界を健やかにするんだ」

ここまで読んだなら、バスチャンのその後の物語を、今度は私たち一人一人の生きる現実で書き上げるべきだと気づいてくるのです。その時はじめて、『はてしない物語』は特別な作品としてではなく、万人にとっての本当の、はてしない物語になるでしょう。

身体は現実に生きる環境に直接つながっています。知識や制度が形骸《けいがい》化《か》し、もはや役に立たなくなった時、私たちはもう一度身体と環境に帰るべきであり、ファンタジーを知った心、つまり未知と愛に開かれた心は、そこでもう一度新しい現実や知識を組み立てていくことができるのです。

安達忠夫『ミヒャエル・エンデ』（講談社現代新書）によると、ブレヒトの演劇理論にかぶれたエンデは物語を書こうとして挫折《ざせつ》しました。そして、いったんそこから自由になり、見失われていた自己を見いだして「ジム・ボタン」シリーズを書き、成功したということです。そして、なんら資料的な裏付けなしに言うのですが、「ジム・ボタン」シリーズから『はてしない物語』には、もっと深い次元でのエンデ自身の覚醒《かくせい》が横たわっているように私は感じます。

ファンタージェンに一度行って帰ってきて見た自分や現実は、もはや元のままの自分や現実ではありません。新しい目でそれらを見直そうとします。そして、自分には身体がありそれを生きるのだということと、現実とは唯一で絶対的なものではなく、実は相対的であり人工的に作られたものであるという二つのことに気づくはずなのです。その気づきは新しい構築につながらないわけがありません。

そして、読書はここにいたってようやく反転します。すなわち、読者がその身体で生きる環境的世界を読む行為＝書くことにつながっていくでしょう。身体をちょうつがいにして世界と自己を「読み書きする」ということばがここでようやく成立します。私たちは書くためにこそ読むのだし、読むためにこそ書くのです。それが共同性を帯びたとき新しい現実というものを構築していくことができるでしょう。文化が生きて新しい文明を切り開いていくとはそのようなことをこそ指すのであり、そのようにして新しい歴史が作り出されるのです。

工藤順一『国語のできる子どもを育てる』
（講談社現代新書・１９９９年）

(1) この文章では、何と何が比べられているでしょうか。

と

と

と

と

と

と

と

(2) 最後の段落にある「読書はここにいたってようやく反転します」について、それ以前の文章に出てくる「反転」の例を複数あげてみましょう。

Lesson 4

具体的には？ 抽象《ちゅうしょう》的には？

手でさわれるもの、手でさわれないもの

この世には目に見え、手でさわれるもの（＝具体的なもの）と、目で見たり手でさわったりできないもの（＝抽象的なもの）の二種類のものがあります。そして、どんなものであっても、この二つの要素の両方を持っています。

たとえば、三角形は、三角定規にすれば具体的なものとなりますが、三角形という考え（イメージ）そのものは、頭に思い描けても手ではさわれません。リンゴやカキは手でさわることができます。でも、くだものと言いかえるとどうでしょう。リンゴやカキはくだものですが、くだものそのものにはさわることができません。

このように、具体的なものは手でさわることができますが、抽象的なものは頭では考えることはできても、手でさわることはできません。

愛とか平和とか優しさとか論理とかはすべて抽象的なものです。考えることはできても、さわることはできません。

ここでは抽象的なものを具体的なものにしたり、逆に、具体的なものを抽象的なものにする練習をします。これは考える力をつける上でとても重要な練習です。

また、抽象的なものを具体的なもので表すことを「象徴《しょうちょう》化する」と言うときもあります。たとえば、平和を白いハトで象徴したり、愛をハートのマークで象徴したりします。

問1 抽象的なものは具体的に、具体的なものは抽象的に、言い表してみましょう。

具体的には？	抽象的には？
土を耕し、植物の種をまき、その実りを刈り入れる。	
	ＩＴ機器
	マスコミ
『源氏物語』『枕草子』『古事記』『万葉集』	

問2 まず抽象的なことをあげ、次にそれぞれ具体例をあげてみましょう。

抽象的な言い方	具体的な言い方
(例) 偶数	2 4 6 8 10 12 14 16
(例) 学校	○○小学校 ○○中学校 ○○大学

問3 次にあげることを具体例をうまく使って説明してみましょう。

学習	道具	成長	しるし	人
（例）知らないことを習って学ぶこと。特に、学校で算数、国語などを学ぶこと。				

問4 日本の四季を五感を使って具体的に説明してみましょう。

春	夏	秋	冬
			（例）四季の中で一番寒い季節。手足は冷たくこごえ、はく息は白く、ときに真っ白な雪が降る。木々の葉は落ち、動物たちも冬眠する。静かでさびしい季節である。

問5

次の言葉をまとめる言葉を考えて、□の中に書きましょう。

① □
鉛筆　消しゴム　定規　シャープペンシル　コンパス

② □
うれしい　悲しい　楽しい　さびしい　腹立たしい

③ □
たんす　ソファー　テーブル　イス　ベッド

問6

次の言葉の具体例を考えて、□の中に書きましょう。

① 家族
□　□　□　□　□

② 科目
□　□　□　□　□

③ 哺乳類
□　□　□　□　□

問7

次の絵が表す言葉を考えて、かっこの中に書きましょう。

①（　　）　②（　　）　③（　　）　④（　　）

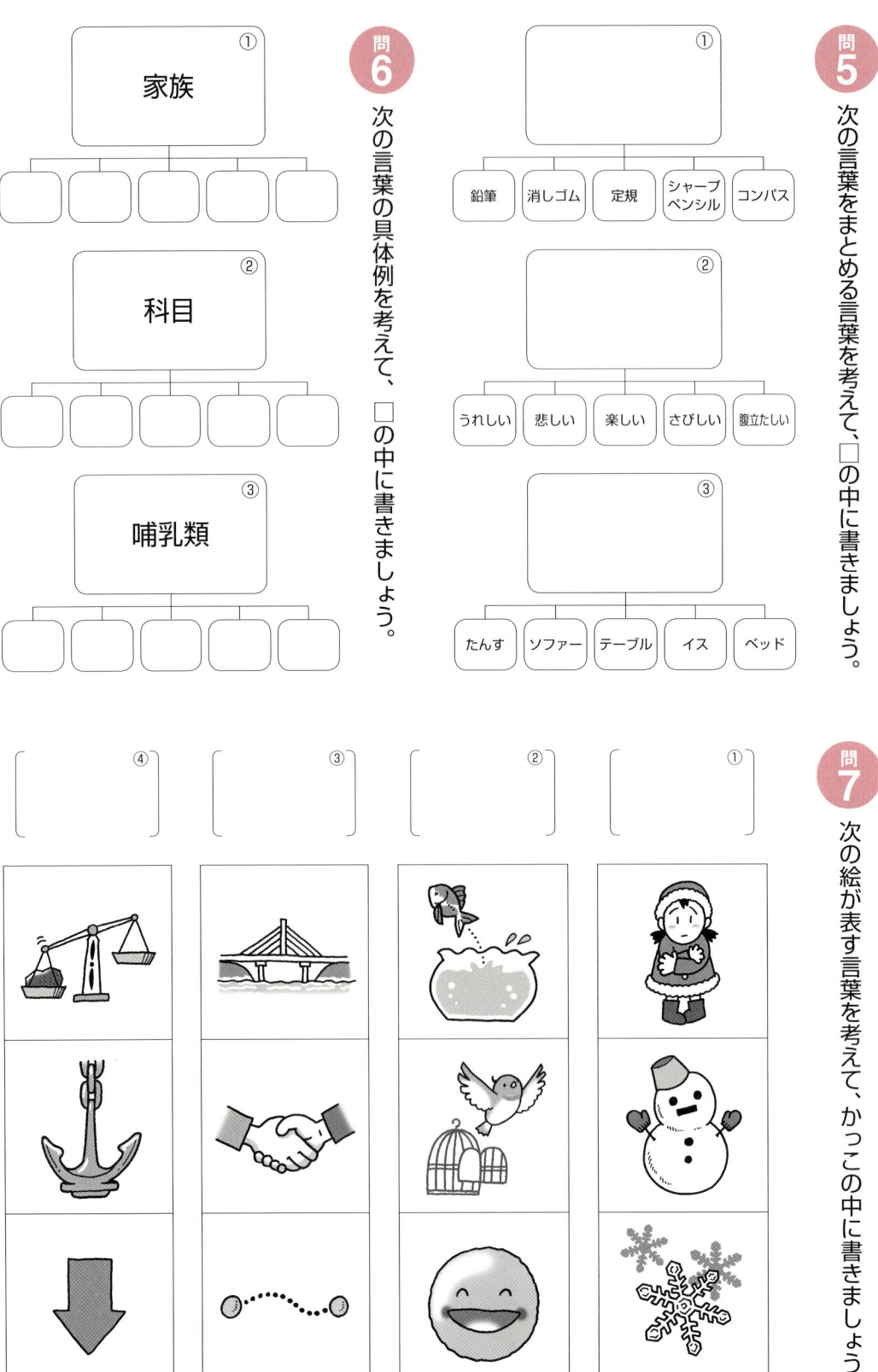

問8 次の場面について具体的に思い起こし、箇条書きで書きましょう。

①「自由だ」と感じる場面について

②「思いやりがある」と感じる場面について

③「危険だ」と感じる場面について

④「はげましたい」と思う場面について

問9 次の言葉を、上から抽象度の高い言葉になるように並べ替えてください。

(例)（昆虫、虫、クワガタ、ミヤマクワガタ、生き物）

生き物 — 虫 — 昆虫 — クワガタ — ミヤマクワガタ

①（日本、世界、東京、国、恵比寿）

②（『吾輩は猫である』、本、小説、長編小説、夏目漱石の書いた長編小説）

③（コシヒカリ、穀物、米、新潟県魚沼産のコシヒカリ、食材）

問10 次の文章を読み、後の問いに答えましょう。

◆常套句《じょうとうく》「何か具体例がありますか」

雑誌やTVの取材やインタビューを受けることがある。その中で必ず質問されるのは、「何か具体的な例がありませんか」である。

話をわかりやすくしたり、説得的にするためには、抽象的な話ばかりではまずいということであろう。

具体例は、それが「適切に使われれば」、話をわかりやすくするし、語りの内容をシャープにする。具体例は、こうした語りの場面だけでなく、みずからの思考を豊潤《ほうじゅん》にするためにも役立つ。

問題は、具体例の適切さであり、その使い方である。

◆具体――抽象のはしごを登り降りする

具体を地上、抽象を天空と考えて、その間にはしごがかかっているようなイメージで考えると、人の思考は、具体と抽象の間を絶えず登り降りしている状態がよい。

我々のような研究者の場合で言うなら、モデルとデータの間の登り降りである。商品開発の場合なら、コンセプトと試作品の間の登り降りである。

具体ばかりでは、現実にしばられて全体が見えなくなるし、思考が限定的になる。抽象ばかりでは、現実の細部が見えなくなるし、思考が甘くなる。

◆抽象化する

抽象化は二つのステップを経て行なわれる。

まず、個別（具体）の中に共通するものを抽出《ちゅうしゅつ》するステップである。隣の雑種犬にも目の前にいる秋田犬にも、犬としての共通特性があることを抽出するステップである。

次のステップは、その共通したものに、言葉（概念《がいねん》）「犬」を割り付けることである。このステップでは、当然、他の概念との関係のネットワークが構築されることになるので、関連する知識をどの程度持っているかが大事になる。知識が豊潤であればあるほど、豊潤な抽象化を生む。生物、哺乳類《ほにゅうるい》、家畜などなどの知識の有無によって、「犬」の抽象化の質が決まってくる。

こうしたステップによる抽象化によって、より広い普遍的《ふへんてき》な観点から物事が鳥瞰《ちょうかん》できるし表現することもできるようになる。

ただし、抽象化もどんどんその階段の上へ上へと誘惑するものを内在させているので、要注意である。抽象への自閉、あるいは俗に言う、机上の空論は現実を切るのには役立たない。

だからこその、具体―抽象の登り降りである。

◆具体化すると

具体化とは、概念を目に見えるように（イメージできるように）することである。あるいは、現実と対応づけることと言ってもよい。

「家具」のイメージは漠然としていても、「椅子《いす》」なら、簡単かつ鮮明にイメージできる。これが具体化である。

具体化するほど情報が増える。「座椅子」は「椅子」より具体的である。しかし、そこには夾雑物《きょうざつぶつ》（情報ノイズ）も入っている。それにとらわれてしまうと、本質が見えなくなってしまう。具体の桎梏《しっこく》である。

だからこその、具体―抽象の登り降りである。

◆適度の抽象度で

人は横着である。登ったり降りたりはしんどいので、はしごの適当なところで腰をおろしていて、必要に応じて登ったり降りたりするのはどうかと考えるらしい。

これが、適度の抽象度（具体度）という考えである。

普段は適度の抽象度のところで思いをめぐらし、いったん事があるときだけ、上や下へ思いを向けるわけである。

こういう処理方略を、ミドルアウト処理ということがある。

たとえば、わかりやすい表現をしようとするときに心がけることの一つとして、読み手や聴き手が、頭の中で、ミドルアウト処理ができるような用語や表示をしてやる、ということがある。たとえば、「哺乳類」では抽象的に過ぎる。「クジラ」では具体的に過ぎる。そこで、「犬」を例示として使うのである。これによって、相手の頭の中で、抽象にも具体にも向けて処理が行なわれることが期待できる。

海保博之・松尾太加志『キャリアアップのための発想支援の心理学』
（培風館・２００３年）

(1) 具体例とは、何のために使われるのでしょうか。

(2) 「はしご」は何の具体例でしょうか。

(3) 「抽象化は二つのステップを経て行なわれる」とありますが、二つのステップとは何と何を指すのでしょうか。

と

(4) 具体化とは何をすることでしょうか。

(5) 具体化をする上で気をつけなければならないことは、何でしょうか。

Lesson 5

ひらめく

新しいお話をつくってみる

あなたは、ときどき直感的に「ひらめく」ことがありませんか。「ひらめき」とは、「普通ではつながらないものが瞬間的につながる」ときに使われる言葉です。たとえば、推理小説に出てくる犯人は、普通では思いつかない意外な人物である場合が多いものです。でも名探偵《めいたんてい》はそれに直感的にひらめきます。

普通ではつながらないといっても、当てずっぽうではありません。そのひらめきにはきちんとした理由があります。だから名探偵は、そのひらめきを時間をかけて論理的に、だれにもわかるように解きほぐして説明できるのです。

ですから、この「ひらめき」（普通ではつながらないものが瞬間的につながること）も、「考える」ことと言えると思います。一見、普通ではつながらないものごとであっても、時間をかけて論理を見つけて、それらをつなげていけば、立派な考えになるからです。

ここでは、ひらめきの練習をしてみましょう。普通ではつながらないものを瞬間的につなげる練習です。「つなげる」とは「お話をつくる」こととも言えます。

言葉を使ったり、マッピングという方法を使ったりして、つながらないものをつなげて、お話をつくってみましょう（マッピングとは思いついたものをつなげて地図を描くことです）。

問1

次の二つの絵を見てお話をつくってみましょう（二つの絵の両方を使って。順番は無視してよい）。

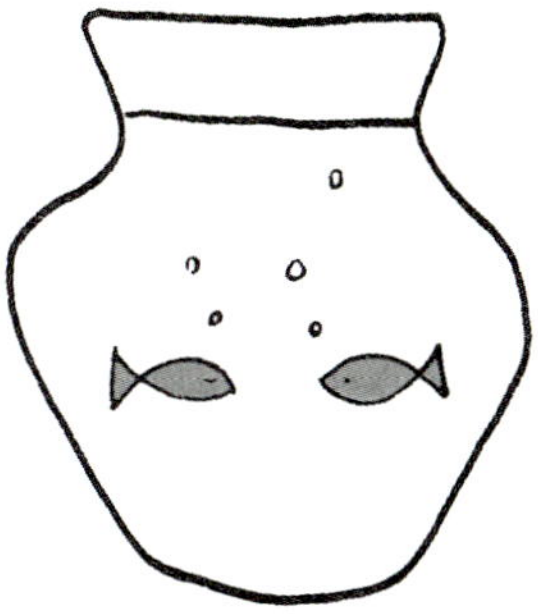

佐藤雅彦『プチ哲学』（マガジンハウス・2000年）

問2

いちばん気になっている言葉をキーワードにして「マッピング」を行ない、それをもとに作文を書いてください。

〈マッピングの例〉たとえば冬では……

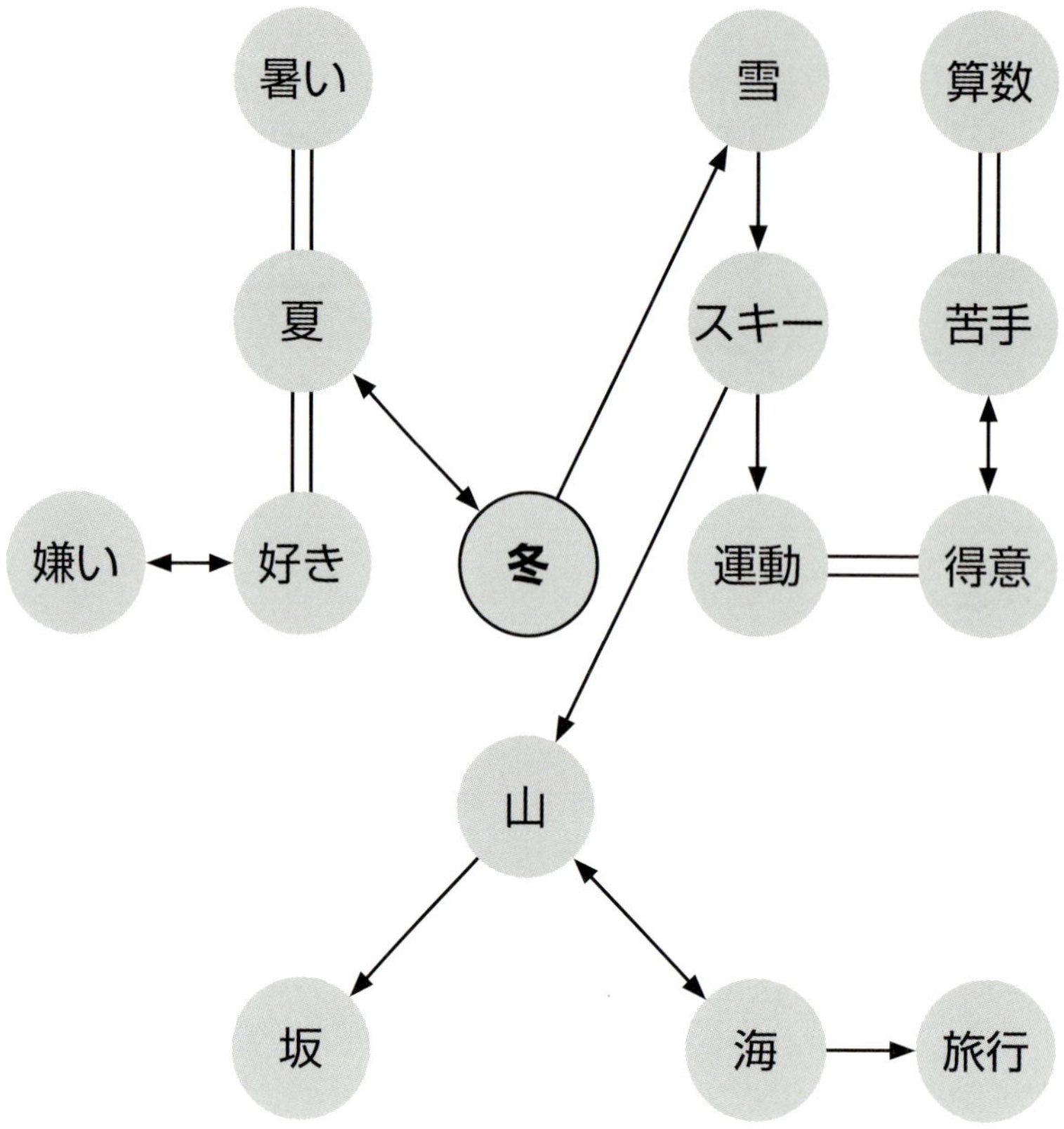

手順

①キーワードを紙の真ん中に書きます。

②キーワードから思いつく言葉や気持ち、ようすを、まわりに書いていきます。

③言葉同士を次の記号を使ってつなげます。

＝：同じようなことの場合

↕：反対のことの場合

↓：その言葉から連想した（ひらめいた）場合

④マッピングが終わったら全体をよくながめ、いちばん気になる言葉のつながりを選び、つながりの記号を意識して作文にします。

（1）マッピングをしてみましょう。

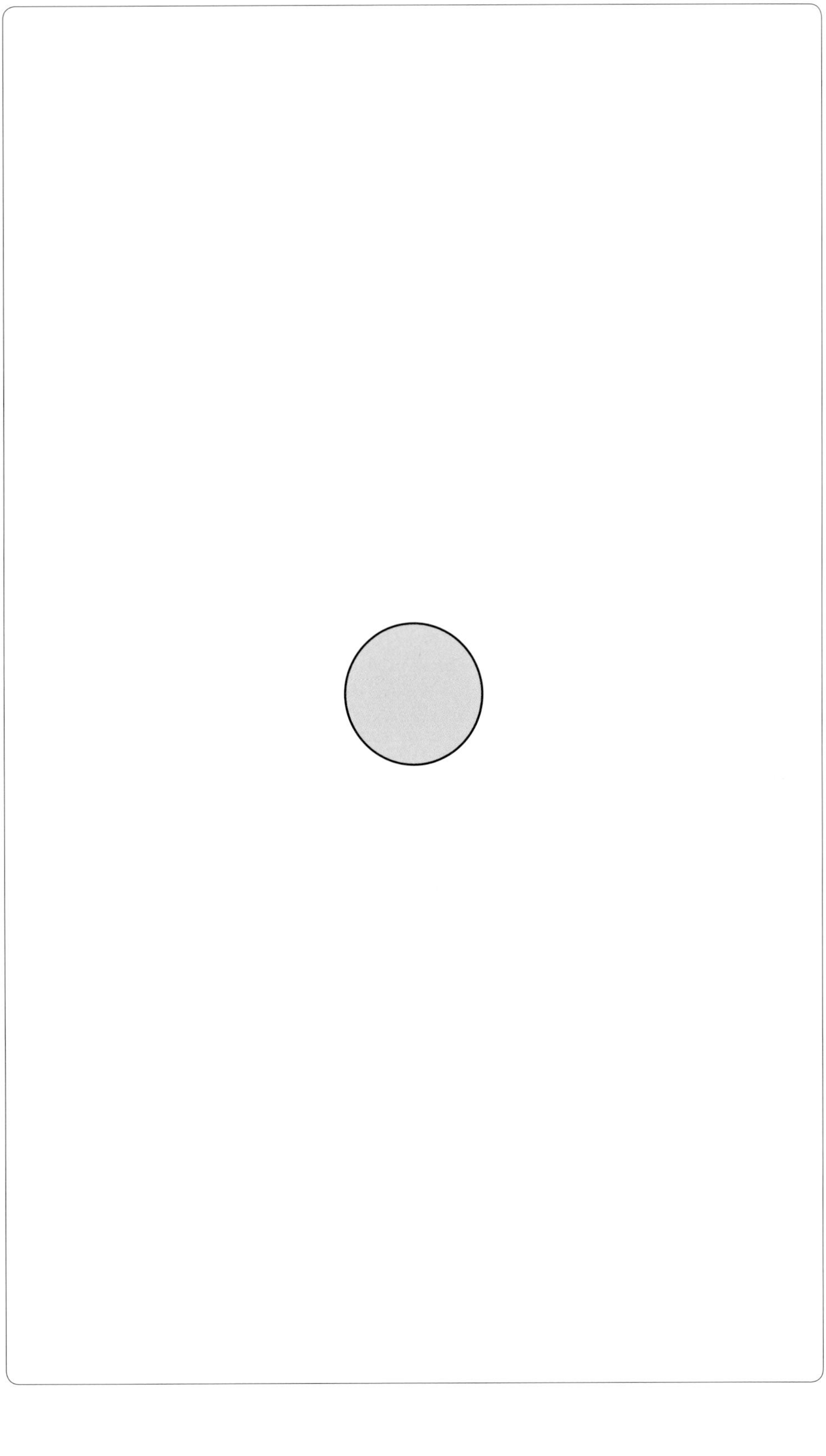

(2)　(1)をもとにして、作文を書きましょう。

(20字×10行)

問3 次の二つのものにつながりをみつけましょう。そして、その二つの言葉を使って、きちんと意味のある自然な文章をつくってみましょう。

イルカと飛行機	（例）イルカと飛行機の共通点は、形が流線型《りゅうせんけい》であるところだ。イルカは水の、飛行機は空気の抵抗を少なくするためにこのような形をしているのであろう。
ミミズとコンピューター	
神と携帯電話	
ベランダとクマ（熊）	
風と電子レンジ	

問4　次の文章を読み、後の問いに答えましょう。

本を読むことの醍醐味《だいごみ》、そのきわめつきの楽しみと冒険は、それが自分の現実の生活や生き方とがっぷりと四つに組むときがあることです。私たちはだれでも、それぞれの人生が本文そのものであるようなかけがえのない生を生きています。その時、本がそこに付けられた良質の読解問題のように、道しるべになる時があるのです。

すなわち、私たちの複雑に絡み合った抜き差しならない現実に対して、本が象徴《しょうちょう》的に、一枚の地図のような役割をすることがあるのです。その時、私たちは偶然とは思えない深い暗合を感じて、言い知れない共感をその本に持つでしょう。まったく会ったこともない作者から目くばせされたようなものです。その時、私たちの孤独は深くいやされるでしょう。そして人生に張りを感じ、人生の質を高め、まるでオリエンテーリングでもするようにして、一つずつの問題を解決しながら、未知の明日の新しい「本文」を書こうとする意欲につながっていくのです。

このような読書の醍醐味を知ってしまうと、書いてあることとの単なる確認や追認、そして知識欲、教養、あるいは情報収集のためにする読書は、ひどく虚《むな》しく貧しく感じてしまいます（もちろん、それもまた必要なことなのですが）。

そして書くことです。私たちは単なる一切れの情報伝達をするために、書くことを学ぶのではありません。書くことは新しい未知の明日の「本文」を書くことでもあるのです。その時の鉛筆は自分の身体、そしてノートは時空間です。いわば、書くとは自分の身体を時空間に刻み込むことです。すなわち、希望ある現実（それは質が支配する空間です）を新しく構築していくことなのです。

そのためには、すでにある動かないようにも見える現実を、一歩でも新しい方向に動かしていかなければなりません。断片的な情報とか、現実を追認しているだけの知識とか、あざといだけの受験用の技法だけでは、それができません。なぜなら、すでにある現実もまた歴史の上に構築され、深くそして有機的な構造を持っているものだからです。それを同じような深さで読み切り、そして深く有機的にかつ大胆に新しい物語を展開していく創造力こそが必要なのです。かけ声やそのうわさ話だけは耳にしますが、そのような新しい時代はすでにもう到来していることに一刻でも早く気づくべきでしょう。

工藤順一『国語のできる子どもを育てる』（講談社現代新書・1999年）

(1)「本文」とは何をたとえているでしょうか。文章中から七字でさがしてみましょう。

(2)「新しい物語を展開していく」とありますが、これをその前の文章では何と表現しているでしょうか。二つあげてみましょう。

Lesson 6

たとえる

どこが、どう似ているのか

何かが何かに似ているとき、「まるで○○のようだ、○○みたい」と言います。

つまり、似ているものはたとえることができるのです。そのとき、どこがどう似ているのかきちんと確かめる習慣をつけましょう。色・形・働きが似ていることが多いものです。

よく「コンピューターがウイルスにやられた」という話を聞くことがありますね。これはもちろん、たとえで、人間が風邪《かぜ》のウイルスにやられたのとはまったくちがうことです。人間が風邪のウイルスにやられると、いろいろなところの調子が悪くなります。同じように、コンピューターもある種のプログラムを仕掛けられると、いろいろなところの調子が悪くなります。コンピューターがそのような状態になることを、人間の風邪の症状にたとえて「ウイルスにやられた」と言っているのです。

このことを「見立てる」とも言うし、風邪をひくという発想をコンピューターに「転移《てんい》して語る」とも言います。

他には、電気の流れを水の流れにたとえたり、電圧を水圧にたとえたり、考えることをエンジンの働きに見立てたり、人間のある種の働きをコンピューターに見立ててみたりと、さまざまな「見立て」が成立するのです。

問1 次の□にあてはまる言葉を入れましょう。

① 「月見うどん」は、うどんに□が入っていて、それを□に見立てて（たとえて）言っています。白味のところは、さしずめ□と言えるでしょう。

② 「親子どんぶり」には、□の□と□の□が入っていて、それらが親子であることから言う言い方です。

③ 「きつねそば」には、□が入っています。それは、きつねがそれを□からです。

④ 童話に出てくる「赤ずきんちゃん」はいつも□をかぶっているからそう呼ばれます。では「白雪姫」がそう呼ばれる理由は、□が□に似ていたからです。

問2 次の□にあてはまる言葉を入れましょう。

① 朝：夜＝青年：□

② 自転車：ハンドル＝船：□

③ パイプ：水圧＝電線：□

④ 実際の地形：□＝建物：設計図

問3 次の詩を読んで、後の設問に答えましょう。

すいっち

だまってればもう？
くちがぱくぱくしてるだけだよ
こえがのどからでてくるだけだよ
ことばがぽろぽろこぼれるだけだよ
しゃべっているのはあんたじゃないよ
あんたのかおしたおにんぎょうだよ
あたまのなかでまわってるのは
そこらでうってるろくおんてーぷ
はっきしいってうるさいだけさ
なんどもきいた ただしいいけんを
あいもかわらずくりかえしてる

だまってればもう？
じぶんのからだでかんじたいんだ
じぶんのこころでかんがえたいんだ
まちがえたってこわくない
あんたはわたしのまえにいるけど
なんだかてれびでみているみたい
けしちゃいたいけどすいっちがない

谷川俊太郎『はだか』より「すいっち」（筑摩書房・１９８０年）

（設問）この詩ではどんな人のことを何にたとえて表現しているのでしょうか。

［　　　　］な人を［　　　　］に

問4 次の文章を読み、後の問いに答えましょう。

至福《しふく》の季節《きせつ》

それは、ある朝、とつぜんやってくる。

目をさまし、窓《まど》をあけたとき、つめたい空気の中に、かすかにただよう奏楽《そうがく》の音《ね》。

去年《きょねん》も、おととしも、そのまえの年も、この町に生まれおちるとからずっと、この季節《きせつ》が来るたび、人びとの耳にとどけられてきたなつかしい音楽。秋の序曲《じょきょく》。

心おちつかぬ日々《ひび》のはじまり。

道ゆく人びとの表情《ひょうじょう》に、いつか、微妙《びみょう》な気配《けはい》が加《くわ》わってゆく。老人《ろうじん》にはやすらぎ、少女にはほほえみ、青年には生気《せいき》、おさな児《ご》にはよろこび。

ここかしこの小路《こうじ》は、年にいちどのよそおい。大通りの喫茶店《きっさてん》のとなりで、子どものかけこむ路地《ろじ》うらで、大寺の境内《けいだい》の片《かた》すみで、川ぞいの並木道《なみきみち》で、そっとかなでられるしずかな音楽。人びとを酔《よ》わせ、心をなごませ、たえまなく、かそけく。

朝の道をゆく少女は、この音楽を全身《ぜんしん》にあびて天使《てんし》の姿《すがた》となり、夜ふけの家路《いえじ》をたどる老人《ろうじん》は、道の角《かど》をまがってとつぜん出会う音楽に、とっくに失《うしな》っていた心をふと見つけだしておののく。

心はつばさを得《え》、ことばはやさしさに満《み》ちて、この至福《しふく》の日々《ひび》は、しかし長くはつづかない。

ある夜。

日いちにちと遠のいていたその音楽が、ついに、かそけく、かそけく、むすびの楽章《がくしょう》をかなで終え、そして、人びとは見る。路上《ろじょう》いちめんにこぼれひろがる、オレンジいろの小さな星の群《む》れを。

きんもくせいの季節《きせつ》の終わり。

杉みき子『小さな町の風景』（偕成社・１９８２年）

(1) 六行目にある「なつかしい音楽」とは何を指しているのでしょうか。

(2) この作品では、何を何にたとえているのでしょうか。

A ＿＿＿＿を

B ＿＿＿＿にたとえている

(3) たとえというものは、色・形・動きなどが似ているときに使うことができます。では、AとBはどのようなことが似ているのでしょうか。

(4) この文章には、他にどんなたとえがあるでしょうか。二つあげてみましょう。また、それらはどうしてたとえることができるのでしょうか。

＿＿＿＿を ＿＿＿＿に	＿＿＿＿を ＿＿＿＿に

問5 次の文章を読み、後の問いに答えましょう。

炎《ほのお》

この地上のありとあらゆる生きものは、どこから生まれてきたのか。

人間は、その知恵《ちえ》によって、さまざまなことを考え、調《しら》べ、りくつのうえでは、おおよそのことを知った。

しかし、学問によって知るのと、実感的《じっかんてき》な記憶《きおく》とは、まったく別《べつ》のこと。生物学の体系《たいけい》とはかかわりのないところで、理《り》には合わぬ出生《しゅっしょう》の記憶《きおく》を持ちつづけている生命《せいめい》があったとしても、ふしぎではない。

そのいのちは、自分たちの祖先《そせん》が空から来たと思っていた。燃《も》えさかる太陽の分身《ぶんしん》として栄《さか》えに栄え、青空のはてからはてまで、あの鳥のように自由に飛《と》びまわって、よろこびの歌をうたっていたものを、あるとき、なにかのはずみで地上にふりおとされ、そのまま土に根づいて、うごけなくなってしまったのだ、と。

太陽から遠ざかるときの冷《ひ》えの感覚《かんかく》が、いまでも、この種《しゅ》属《ぞく》の生きものの心をおののかせる。

帰りたい、むかえにきてほしい。われわれの居場所《いばしょ》を教えるから、早くむかえにきて、この地上をはなれて大空へ舞《ま》いあがる力をあたえてほしい。

だから、地上に〈秋〉と呼ばれるつめたい季節《きせつ》が来ると、この種属《しゅぞく》は、そのためにのこされた最後の能力《のうりょく》をふりしぼって、全身《ぜんしん》を巨大《きょだい》な炎《ほのお》と化《か》する。地上のほかの種属《しゅぞく》のどれとも似《に》ていないそのあざやかな黄の炎《ほのお》は、どんな遠くからも見わけられる目標《もくひょう》となって、野山に燃《も》えあがる。

——ここにいる、ここにいる、ここにいる。

全身《ぜんしん》でそうさけびながら、かれらは空をあおぐ。

——ここにいる、ここにいる、ここにいる。

丘《おか》の上から、人家《じんか》の庭から、神社《じんじゃ》の境内《けいだい》から、あそこでも、ここでも、声のない声が空を呼《よ》ぶ。

——ここにいる、ここにいる、ここにいる。

しかし、いつもむかえは来ぬままに、日はうつろう。せめてもの飛翔《ひしょう》をこころみるのも一瞬《いっしゅん》のこと、やがてむなしく土に落ちる。小さな火のなきがらが地上をうめつくし、その上につめたい雨が降《ふ》りそそぐ。

炎《ほのお》は消《き》え、かれらの姿《すがた》は、木と家の中に埋没《まいぼつ》する。

ひとつの季節《きせつ》の中に、その持てる力をつかいはたしたかれらは、また新しい力をたくわえながら、つぎの季節を待つ。
永遠《えいえん》に。
いちょうの黄葉《こうよう》は、壮烈《そうれつ》で、かなしい。

杉みき子『小さな町の風景』（偕成社・1982年）

(1) この作品では、何を何にたとえているのでしょうか。

A ［　　　　］を

B ［　　　　］にたとえている

(2) AとBは、どこが似ているのでしょうか。

［　　　　］

(3) 七行目の「理には合わぬ出生の記憶」とはどのような記憶のことでしょうか。

［　　　　］

(4) 最後の行に「かなしい」とありますが、なぜ「かなしい」のでしょうか。

［　　　　］

Lesson
7

思う・感じる

思いや感情は考えるエネルギー

好き、嫌い、楽しい、苦しいなど、人間はさまざまな思い・感情を持ちます。

思いや感情は、考えることに含まれます。なぜなら、思い・感情というものは、たとえそれを意識していなくても、考えの方向性や内容を決めてしまうくらい大きな影響力を持っているからです。

私たちは、何の感情や思いも抱くことのできないものについて、形式的には考えられても、きちんと、真面目《まじめ》に考えることはできないはずです。

環境問題がよい例です。環境問題を解決するためには、何年も何十年も、もしかしたら何百年もかかってしまうかもしれません。それらの問題に立ち向かい、ねばり強く取り組んでいくためには、考える力だけあってもだめです。解決するまで考えつづけるための強い思いや感情がなければならないのです。

考えることをエンジンやモーターにたとえるとすれば、思いや感情というものは、それらを動かす燃料や電気にたとえることができると思います。思いや感情は考えることの背景やエネルギーになるものなのです。

思いや感情を持てるものに対しては、私たちは熱心に考えることができるはずです。そして、その思いや感情は、何らかの印象深い体験からくる場合が多いと思います。印象深い体験は思いや感情を生み、それが考えるエネルギーになるのです。

問1 あなたの好きな物・こと・職業、嫌いな物・こと・職業をあげ、また、その理由も書いてみましょう。

	物	こと	職業
好き			
嫌い			
その理由			

問2

あなたのこれまでの人生で、印象に残っている体験、あるいは感動した出来事を書いてみましょう。そして、その中で一番印象に残っていることを題とし、一〇〇字以内で作文を書いてみましょう。

〈どんな体験？ どんな出来事？〉

- （例）サッカーの試合ではじめてゴールを決めたときのこと。
-
-
-
-
-

（10字×10行）

問3

学校のテストのような問題ではなく、現実にあなたのまわりで起こっている問題（トラブル）をいくつか書いてください。そしてその解決策を考えてみましょう。

問題	解決策
（例）弟がうるさくてよく勉強ができない。	勉強するとき部屋を変える。

問4　次の文章を読み、後の問いに答えましょう。

ぼく：愛するって、どういうことかな？

ペネトレ：二つの種類の愛があるな。世界のはずれから世界の中心へ向かっていく愛と、世界の中心から世界のはずれへ向かっていく愛の二つだ。いまきみがね、ある女の子をすごく好きになったとするよ。そのとき、きみは世界のすみっこにいて、その女の子は世界の中心にいる――きみはそう感じるはずなんだ。

ぼく：そんなふうに、好きになったことなんてないから、よくわかんないけど……。世界の中心とかすみっこって言えば、ぼく、ひとりでCDで音楽を聞いていると、ときどきすごくさびしくなるんだよ。いまこの音楽を聞いているのはぼくだけなんだと思うとね。だから、テレビやラジオのほうがずっといいな。どんなにおもしろくない内容でも、そのとき、たくさんの人が同時にぼくとおなじものを見たり聞いたりしてくれているからね。そう思うだけで、すごく安心できるんだ。そういうとき、世界の中心とつながっているって感じがするよ。

ペネトレ：テレビやラジオは、この世の中の中心とはつながっているけどね――そのとき大事件が起こったら、すぐにニュース速報で教えてくれるからね――でも、**世の中の中心**は、まだ**世界の中心**じゃないさ。世界の中心っていうのは、もっと深い、すべての意味の源《みなもと》であるような、そういう中心なんだよ。どんなに世の中の中心にいても、世界の中心とつながっていないって感じることはあるさ。**もし、きみがだれかに対して、そういう世界の中心がそこにあるって感じたなら、それは愛だよ。**

ぼく：ふーん。でも、中心のほうからすみっこに向かう愛もあるんでしょ？

ペネトレ：そうさ。自分自身に、すこしでも世界の中心とつながっているっていう安心感があって、その安心感をすみっこにいるあの人にも分け与えてあげたいって感じたとすればね。それも愛だよ。

永井均『子どものための哲学対話』（講談社・１９９７年）

(1)「世の中の中心」と「世界の中心」のちがいを説明してみましょう。

(20字×10行)

Lesson
8

サングラスを意識する

信号の「進め」は本当に「青色」？

サングラスをかけていると明るいところでも暗く感じます。実は、実際にサングラスをかけていなくても、私たちは、さまざまな「心のサングラス」をかけてものを見ているのです。

たとえば、言葉がそのよい例です。信号の「進め」の色は本当は「緑色」です。でも私たちはそれを「青」と言っています。それは、言葉（＝この場合には日本語）というサングラスを通してものを見ているからなのです。信号にかぎらず、青虫とか、青物など、緑を青と表現する文化が日本語にはあるからです。

ある文化を持つ人間は、その文化を持たない人間から見ると、はっきりとサングラスをかけていることがわかりますが、当の本人は、自分がサングラスをかけてものを見ていることに気づかないものです。外国語を少し勉強してみると、そうしたものの見方が、自分たちの文化特有のものであることがよくわかります。

紋切《もんき》り型の発想やステレオタイプなものの見方なども、「常識」というサングラスによってつくられます。代表的なサングラスには、「言葉のサングラス」「マスメディアのサングラス」「常識や文化のサングラス」「正解があるというサングラス」などがあります。

問1 次のような絵の人物は、どんなふうに見られてしまいがちでしょうか。

こんな人は…	こんなイメージ…
	(例) スポーツマン、気は優しくて力持ち、健康的。
① 	
② 	

問2 次にあげる科目に、あなたはどんな先入観《せんにゅうかん》（思いこみ、印象）を持っているでしょうか。また、その科目の先生はどんな性格だと思いますか。それぞれイメージを書いてみましょう。

	先入観	どんなイメージの先生？
音楽	（例）女子の方が得意。才能が必要。	女の先生。見た目は優雅《ゆうが》だけど、きびしそう。
体育		
国語		
算数（数学）		
科学		
哲学		
文学		

問3 右のマンガはどんなことを言いたいのでしょうか。「先入観《せんにゅうかん》」あるいは「投映《とうえい》する」という言葉（わからない場合は辞書でしらべましょう）を使って、説明してみましょう。

6月7日ごろ
ザー
きょうはどしゃぶりだからさんぽはムリねロダン
やーねーツユは
そんなかってにきめつけてもろうてはこまりますな
ちょっとなにしてるのロダン!!
ホラみてオクさん！ワシあめにぬれてもへいきやから
もーただでさえかわかないのにせんたくものふやしてー
ワシならべつにふいてもらわんでも…
ワフ
しかしこれでワシがどしゃぶりでもさんぽできるってことがわかってもらえましたでしょ!?
んっ!? どうしたロダンはごきげんななめか
ピク
きょうはどしゃぶりでさんぽできなかったからすねてんですよ
やっぱりわかってもらえとらんかったか

内田かずひろ『ロダンのココロ』（朝日新聞社・1997年）

〈言いたいこと〉

問4

次の文章を読んで、後の問いに答えましょう。答えはすべて、文中の言葉を参考に、自分の言葉も使って答えてください。

塾《じゅく》を出て家路につくころは、もう星が出ていた。ビルの谷間に見える星は、ぼんやりとした光を放っている。星がきれいだなんて思ったことは一度もない。

――ネオンのほうが、きれいだよな。

マウンテンバイクをこぎながら少年はそう思った。こんな薄汚《うすよご》れた街は好きになれない。マウンテンバイクをこぎつづける。途中《とちゅう》、いつものようにコンビニエンスストアの前にある公衆電話から家に電話を入れた。

いま塾、終わった。何か買っていくものない。父さん、帰ってる？

それだけを短く言うと、少年は受話器を置いた。母親に言われた調味料とマーガリンを買って店を出たとき、横の路地の暗がりから何かの声が聞こえた。声は、コンビニエンスストアとカラオケハウスに挟《はさ》まれた狭《せま》い路地から聞こえてくる。近寄ってみると、暗がりに段ボール箱がひとつ置かれていた。それが小さく動いている。声は、そのなかから聞こえてきた。

少年は段ボール箱に近寄ろうとして思いとどまり、両手で耳をふさいだ。

――あのなかには、見てはいけないものが入っている。

そのままマウンテンバイクにまたがると、逃《に》げるようにして家路を急いだ。耳元を風が切っていく。少年は、後ろを振り返ることさえしなかった。

やがて団地の明かりが見えてきた。エレベーターに乗って六階のボタンを押《お》したとき、さっきの声が耳によみがえった。暖かい、小さな声だった。少年は、くちびるを噛《か》みしめた。

――犬なんていない。

この世の中に、犬なんていう動物はいないんだ。この寒い夜に、暗がりに置き去りにされた段ボール箱のなかで鳴いていたもの――、あれは産まれたばかりの子犬なんかじゃない。

少年は自分にそう言い聞かせた。だがエレベーターから降りても、さっき聞いた小さな声が耳について離《はな》れなかった。

「ねえ、父さん」

遅《おそ》い夕食をひとりで済《す》ませたあと、少年は決心したように言った。父親はビールを飲みながらテレビを観《み》ている。

「……んだけど」

「何だって？」と、父親は面倒臭そうに言った。「何が欲《ほ》しいんだって？」

「犬……、を飼《か》いたいんだけど」
1 あのな、ここは団地だろう、そういうものは飼えないんだ、何度言ったらわかる。父親は、動物を飼いたいと言うと決まって返してくる科白《せりふ》を繰《く》り返した。
そんなこと、もう何度も聞いた。それでも飼いたいのだ。

「マウンテンバイクを買ってやったばかりじゃないか」

「自転車と犬は違うよ。猫でもいい、何か動物を飼いたいんだよ。この団地で飼ってる人もいるよ、猫とか犬とか」
2 部屋のなかが汚《よご》れる、誰が面倒をみるんだ、えさ代がたいへんだ。聞き飽《あ》きた言葉が返ってくる。もういいよ。少年は自分の部屋に入って塾《じゅく》の宿題に取りかかる。だが、勉強に集中できなかった。ひろげたノートに犬の絵を描いてみる。上手には描けないが、その絵をいつまでも見つめている。
——犬なんていない。

もう一度そう思う。そして犬の絵を描いた頁《ページ》を破り取ると、それを細かく引き裂《さ》いて屑籠《くずかご》に投げこんだ。

だが耳についた子犬の鳴き声は、いつまでも消えなかった。

少年は体育の時間が嫌《きら》いだった。運動神経が鈍《にぶ》いわけではない。少年は、クラスでいちばん背が低いのだ。成長の早い子はもう、大人くらいの背丈《せたけ》になっている。女の子なんて、もっと大きい子もいる。そういう背の高い子とスポーツの競争をしても勝てるわけはない。

体育の先生はそんなことはお構いなしに、みんな一律の、同じ運動をさせてそれを競い合わせる。走ることだって鉄棒だって跳《と》び箱だって、体格の大きな子とは勝負にならない。勝てるチャンスがありそうなのはマラソンか水泳くらいだが、それだって少年は人並みの力しか持っていない。体育なんて拷問《ごうもん》にすぎないのだった。

残されたチャンスは、学校の勉強だけだった。成績が良くなること、それが大きな子に勝てる唯一《ゆいいつ》の対抗《たいこう》手段だった。勉強が好きなわけじゃない、武器なのだ。だが授業中に手を挙げれば「生意気だ」と言われるし、宿題をちゃんとやっていけば、そのノートを取り上げられる。

少年は、今日も体育の時間を休んだ。校庭の片隅《かたすみ》で、みんながサッカーをしているのをじっと見ている。

「お前がチームに入ると邪魔《じゃま》だから、見てろよな」

彼《かれ》が小柄《こがら》なことを理由に何かと意地悪をする生徒のひとりが、そう言ったのだ。なにも、ここで見学していたいわけじゃない。下手なりに、みんなといっしょにボールを追いかけて走りまわりたい。でも、そう言われて体育の時間に休まないと、塾に行く途中《とちゅう》で待ち伏《ぶ》せされて、もっとひどいことをされる。

——いつか大きくなってやる。

少年は、自分の背丈が校庭に立っている木よりも、もっと大きくなるところを想像してみた。そんなことはあり得ないが、みんながサッカーをしているのを見ているより、木のてっぺんの木の葉が風でひらひらと揺《ゆ》れるのを見つめていたかった。

——あそこに手が届いたらなあ。

みんなは汗《あせ》をかきながら走りまわっている。だが少年は冷たい風のなかで、じっと木を見上げている。

ゆうべの子犬のことを考えた。犬を連れて公園や土手の上を走れたら、どんなにいいだろうと少年は思った。


それを見つけたのは、工場の横の空き地でだった。

その日、少年は塾《じゅく》を休んだ。塾を休むなんて、はじめてのことだった。今日は背の高い少年たちに逆らって、宿題を提出した。授業中に手を挙げて、体育の時間にも休まなかった。彼《かれ》らの言いなりになっているのは、もういやだった。だが塾へ行こうとすれば、絶対に何人かがどこかで待ち伏《ぶ》せしている。そして少年は、ひどくいじめられることになるだろう。

それが恐《おそ》ろしくて塾を休んだ。少年は川のところまでやって来た。マウンテンバイクを横に置いて、コンクリートの川岸から暮れていく街を眺《なが》めた。

——塾へ行けばよかったかな。

休めば、彼らの思う壺《つぼ》だ。それが悔《くや》しかった。今日、自分が学校でしたことを後悔《こうかい》なんかしていない。宿題を提出して、手を挙げて、体育の授業に出ることが、どうしていけないんだ。明日もそうするつもりだ。そして明日は、塾にだって行く。

どんなにひどいことをされても無視すればいい。そのうち、あいつらだって飽《あ》きてしまうだろう。それに——、と少年は思った。

——いつかは僕《ぼく》だって、背が高くなる。

そんな気がするのだ。すこし勇気が湧《わ》いてきた。なんだか、ほんのすこし、一ミリくらい背が伸《の》びたような気分になった。

少年は立ち上がって、夕陽《ゆうひ》が沈《しず》んでいく街の家並を見た。

そのとき、それが動いたのだった。手前の、工場の屋根がシルエットになっているあたりで、何か大きな細長いものが、ゆらりと動いたのだった。

——何だろう？

それは、掘削機《くっさくき》かクレーンのようにも見えた。太いブームが、ゆらりと動いたような感じに見えた。だが、機械にしては不自然だった。

なめらかな、やわらかな動きだ。巨大《きょだい》でなめらかな動きをするものを、少年は必死になって思いだそうとした。だが、そんなものは思いつかなかった。いったい何なのだろう。

少年はマウンテンバイクを転がしながら工場のほうへ歩いていった。あたりはゆっくりと暮れていく。

そこは、ヒューム管をつくっているセメント工場だった。空き地には巨大なコンクリート製のパイプが、切り取られた巨人の足みたいにごろごろと転がっている。周囲には鉄条《てつじょう》網《もう》の柵《さく》が張りめぐらされているが、どれも錆《さ》びていて、どこからでも入ることができた。

少年はマウンテンバイクをそこに置いて工場の空き地に入っていった。足元は薄暗《うすぐら》かった。冬だというのに、ここには雑草が膝《ひざ》の近くまで生えている。さっきの何かが見えたあたりまでやって来た。立ち止まって耳を澄《す》ます。何もいない。

――気のせいだったのかな。

そう思って立ち去ろうとしたとき、明らかに生き物の持つ暖かな気配がした。すぐ近くだった。背後にいる。少年は、ゆっくりと振《ふ》り返った。

目の前に脚《あし》が見えた。黄色い脚が、少年の頭上まで伸びている。少年は空を振り仰《あお》いだ。長い脚の上に、大きな体がある。その上には、クレーンのように長い首がついていた。体にも首にも、黄色い網目状《あみめじょう》の模様がついていて、それがゆっくりと動いている。

――キリンだ。

声も出なかった。こんな近くでキリンを見るなんて、はじめてだった。キリンは首を揺《ゆ》らすだけで、そこにじっとしている。少年はおそるおそる手を伸ばして、その脚に触れた。暖かい、やわらかな感触《かんしょく》だった。毛皮を着た電柱みたいに、それは目の前にすっくと立っている。
3 キリンだ。少年はもう一度自分に言い聞かせた。その言葉と、目の前で起きている現象とが結びつかない。
――どうすればいい？

とっさに、逃《に》げることを考えた。だがキリンはおとなしく、危害を加えそうにはない。少年はそこにしゃがみこんで、雑草を摑《つか》めるだけ摑《つか》むと引き抜《ぬ》いた。それを頭上高く差し出す。まるでエレベーターみたいにキリンの首が降下してくると、少年の摑《つか》んでいる草を長い舌で巻き取るようにしながら食べはじめた。

しゃわしゃわと、草を嚙《か》むおいしそうな音が頭上から聞こえる。少年は上を見上げることができない。怖《こわ》いのだ。やがて手のなかの草がなくなると、長い、あたたかな舌が、少年の手首をぺろりとなめた。見上げると、キリンの目がすぐ近くにあった。大きなやさしい目をしていた。深く黒い瞳《ひとみ》が、こちらを見つめている。首をそっと撫《な》でてやると、長い首を揺《ゆ》らしながら薄暗い空に向かって、すうっと上昇《じょうしょう》していった。

風が出てきた。寒い。もしかしたらキリンも寒いんじゃないだろうか。よく見ると、キリンの長い脚《あし》が震《ふる》えている。どうすればいいのかわからない。ここに置き去りにすればキリンは凍《こご》えてしまうかもしれない。

少年は走り出した。待ってろよ。何か考えがあるわけではない、ただ、何もしないわけにはいかなかった。鉄条網《てつじょうもう》の破れたところまで走ってきて少年は振《ふ》り返った。闇《やみ》のなかにキリンのシルエットが浮《う》かんで、それがゆっくりとヒューム管の間を移動している。

——待ってろよ。

少年はつぶやくと、マウンテンバイクにまたがって一目散に家のほうへ走りはじめた。

父親はまだ帰っていなかった。そっと自分の部屋に入ろうとしたが、母親が台所から声をかけてきた。

「あら、塾《じゅく》は行かなかったの?」

「忘れ物を取りに来たんだ」

少年はとっさにそう言った。嘘《うそ》をつくのがうまくなるなんて気に入らなかった。だけど工場の空き地で見たことは、とても話せない。

少年は部屋に入って図鑑《ずかん》をひろげた。

キリン。

いったいあの動物は何を食べるのだ。草を食べることは、さっきわかった。だけどキリン用のペットフードなんて、コンビニエンスストアにもディスカウントショップにも、売っているのを見たことがない。動物図鑑には、アカシアの葉や小枝を食べる、と出ていた。

植物図鑑を出して、アカシアを調べる。校庭の隅《すみ》の日溜《ひだ》まりに生えている、あの大きな木かもしれない。

——だけど。

と、少年は思った。あんな大きな動物をどこで育てたらいいんだろう。

「塾、まだいいの?」

母親の声がする。いまから行く、そう答えて図鑑を閉じると、少年は玄関《げんかん》から表へ飛び出した。

飼うつもりだった。いや、飼えないだろうけれど、あの空き地にほうっておくわけにはいかない。あれは子犬なんかとは違《ちが》う。僕《ぼく》が拾ってあげなければ、誰が助けるんだ。

エレベーターで一階まで降りる。集会室を覗《のぞ》いてみた。集会室の天井《てんじょう》は低くて、ここには入りそうもない。駐輪《ちゅうりん》場やポンプ室も見たが、どこも狭《せま》すぎるし、すぐに誰かに見つかってしまいそうだ。

少年は途方《とほう》に暮れた。やはりこういうことは誰かに相談したほうがいいのだろうか。学校の先生に？　駄目《だめ》だ、わかってくれそうもない。友達なんていないし、父や母は、もっとわかってくれない。

少年は工場のほうへ歩いていった。もうあたりは真っ暗になって、ところどころに立っている水銀灯の明かりが、工場と空き地を照らしている。

闇《やみ》のなかに、キリンの巨大《きょだい》なシルエットが見えた。少年は立ち止まった。キリンが気がついて近寄ってきた。

ゆらゆらと、大きなシルエットが揺《ゆ》れながら近づいてくる。だめだ。近寄って来ちゃいけない。犬だって猫《ねこ》の子だって、見かけたらすぐに、そこを離《はな》れなきゃいけないんだ。近寄ったり触《さわ》ったりすれば、絶対に離れられなくなる。

――こっちへ来ちゃいけない。

だが黒いシルエットは、少年の視界いっぱいの大きさに近寄ってきた。柵《さく》のそばで立ち止まるとキリンは長い首を下げて、すり寄ってきた。ぺろり、と大きな舌が少年の頬《ほお》をなめた。

だめだ。団地でキリンを飼うなんて絶対にできっこない。

少年は、涙が出そうになった。

> しかし、この後、少年は、団地の屋上でキリンを飼うことを思いつき、キリンを団地の屋上に連れていく。以下の文章は、この小説の最後の部分である。

キリンは、アカシアの葉をおいしそうに食べた。少年が大きなビニール袋《ぶくろ》に入れて持ち帰ったものをすっかり食べ終えると、少年といっしょにしばらく街を眺《なが》めた。今日もまた、街はゆっくりと暮れていく。

「名前をつけてあげなくちゃ……」

そう言って体を撫《な》でてやると、キリンは黙《だま》って大きな首を揺《ゆ》らした。

キリンは、鳴き声を立てることはほとんどない。そう、図《ず》鑑《かん》に出ていた。[4]僕《ぼく》と同じだ、と少年は思った。

そんなふうにして少年は、キリンを飼いはじめたのだった。

何日かすると、この街にあるアカシアの木の場所をすべて把握《はあく》した。マウンテンバイクにまたがって街を走りまわり、アカシアの木のあるところを地図上にマークしたのだ。一箇所で採取するのはまずい。すこしずつ、目立たないように採取することにしたのだ。これだけアカシアの木があれば、当分は大丈夫《だいじょうぶ》そうだった。

塾《じゅく》へも通うようになった。少年が木登りばかりしているのを不審《ふしん》に思ったのか、それとも彼《かれ》の表情が生き生きとしてきたせいか、いじめたりする人間はあまりいなくなった。

少年は誰にもキリンのことを教えなかった。だが、いつかは見つかってしまうかもしれない。それを恐《おそ》れた。

「ねえ、父さん……」

何日かして、少年は父親に言った。相変わらずテレビを観《み》ながら、父親は面倒臭そうに言った。

「こんどは、何が欲《ほ》しいのかな」

「べつに……そうじゃなくて」

「どうしたんだ？」

父親はテレビの音量を小さくして少年の顔を見た。珍《めずら》しく、話を聞いてもらえそうだった。

「何かあったのか？」

「その……」

キリンを飼いたいんだ。そう言おうとした。だが、それは声にならなかった。言おうとした瞬間《しゅんかん》、少年は気づいたのだ。

「ちょっと出てくる」

言い残して、少年は外に出た。エレベーターの最上階のボタンを押《お》しながら、少年は考えていた。

——言ってはならないのだ。

キリンを飼ってもいいかなんて、父親に訊《き》いたりしてはいけない。そのことに少年は気がついたのだった。

すでに僕はキリンを飼っている。そのことに親は気づかないかもしれない。いつかは気がつくのか、それともずっと気がつかないままなのかはわからない。だが僕は、自分からそのことを言ったりしてはいけないのだ。

そのことに、たったいま気がついた。あのキリンは、僕だけのキリンだ。

エレベーターが最上階でとまる。階段を上がって屋上に出た。夜の街がある。暗がりに給水塔《きゅうすいとう》のシルエットが見える。避雷針《ひらいしん》と集合アンテナが闇《やみ》の中に立っている。広い屋上には風が吹《ふ》いていた。

街の灯《ひ》が遠く小さく、きらきらと光っている。少年は空を見上げた。満天の星だった。都会の星がこんなにきれいだなんて、いままで知らなかった。

——僕はキリンを飼っている。

少年はそう思った。そして、誰もいないひっそりとした屋上でひとり、長い時間、街を見下ろしていた。

薄井ゆうじ『十四歳漂流』より「飼育する少年」
（集英社・1999年）

（1）傍線1・2は、少年の父親の言葉ですが、他の父親の言葉とはちがって、会話を表すカギかっこがついていません。カギかっこがついていないことから、どのようなことが感じとれますか。五〇字以内で答えてください。

（10字×5行）

(2)　傍線3「キリンだ。少年はもう一度自分に言い聞かせた。その言葉と、目の前で起きている現象とが結びつかない」とありますが、この時の少年の気持ちはどのようなものだったのでしょうか。五〇字以内で答えてください。

(10字×5行)

(3)　傍線4「僕《ぼく》と同じだ、と少年は思った」とありますが、なぜ少年はそのように感じたのでしょうか。その理由を、五〇字以内で答えてください。

(10字×5行)

(4)

この小説の最初に、

「星がきれいだなんて思ったことは一度もない」

とあります。一方、最後の部分に、

「都会の星がこんなにきれいだなんて、いままで知らなかった。

——僕はキリンを飼っている。

少年はそう思った。そして、誰もいないひっそりとした屋上でひとり、長い時間、街を見下ろしていた」

とあります。

●少年にとって、「キリン」とはどのようなものだったのでしょうか。

●少年は、なぜ都会の星がきれいだと気づくことができるようになったのでしょうか。

これらについて、一六〇字以内で答えてください。解答にあたっては、二つの内容が結びつくようにします。

(開成中学平成14年度入試問題より)

(16字×10行)

Lesson
9

「なぜ」と疑う

考えることの基本は「不思議だな」と思うこと

何かを見たり、聞いたり、読んだりしたとき、「不思議だな」と思ったことはありませんか。

そうした「不思議だな」と思うこと（＝疑問）は、大人であれ、子どもであれ、とても大切なものです。

また、すぐには解決ができない、解答が見つからない疑問ほど大切にしなければなりません。中には何年も、あるいは、一生それを考えつづけなければいけない疑問もあります。そうした疑問をねばり強く考えてきた人たちが、この世界に新しいものを生み出してきたのです。

ですから、考えることの基本は「不思議だなと思う＝疑う」ことでもあります。

では、この疑う力、不思議だなと思う力はどうやって身につけたらよいのでしょうか。そのためには、ふだんからの練習が必要です。よい練習としては、次のようなものがあります。

●常識を疑う。
●新聞やテレビのニュースを疑う。
●大人の意見を疑う。

これらを疑うことは、考える力をつける上でとても重要です。テレビや大人の言うことを何も考えずに鵜《う》呑《の》みにしないで、「本当にそうなのかな」「ちがう考えはできないだろうか」と考えてみる習慣、その積み重ねが大切です。

問1

この絵はどこか不思議に見えます。どこが、どう不思議なのか説明してみましょう。

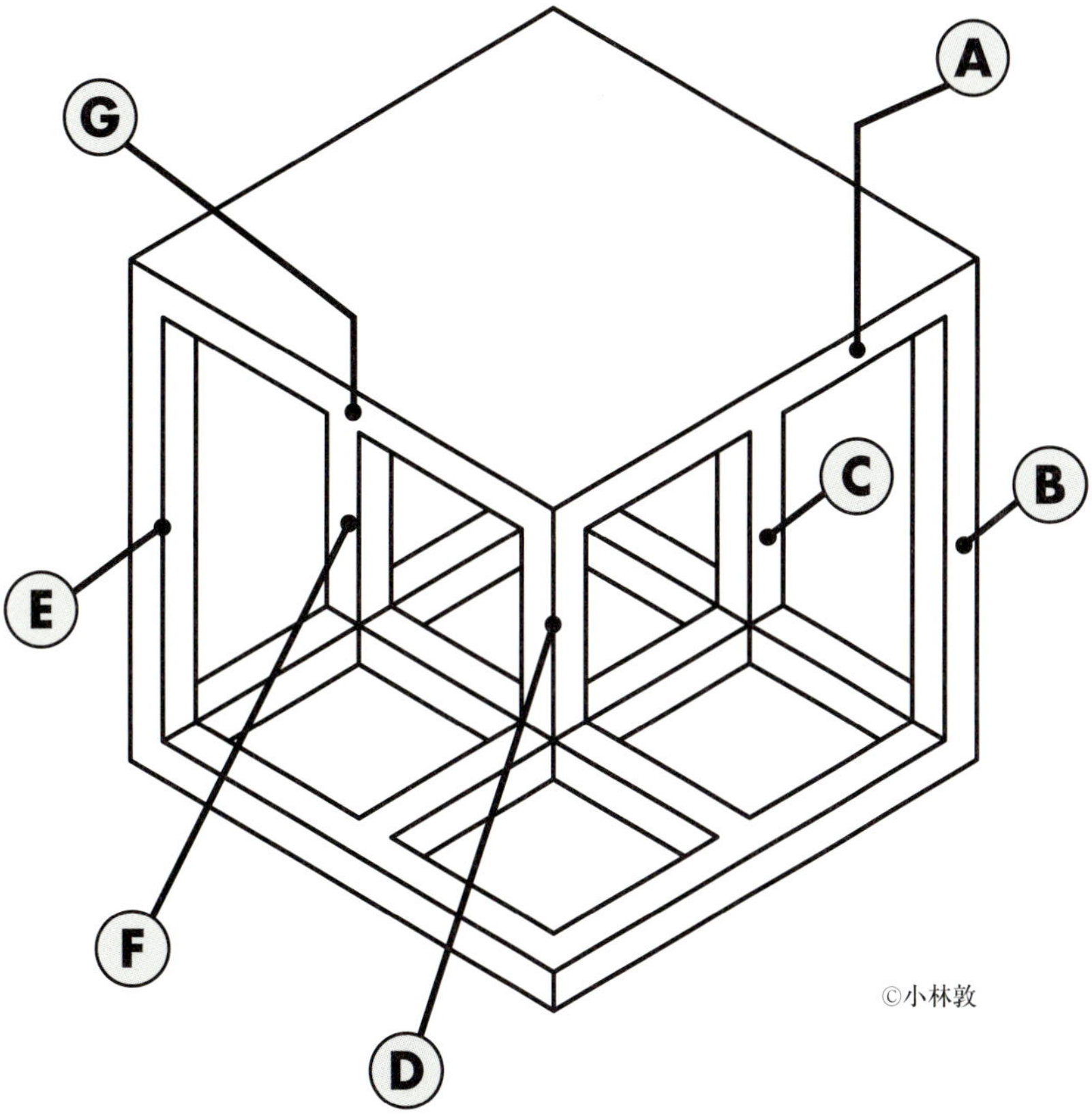

©小林敦

〈どこが、どう不思議ですか?〉

問2 あなたが「不思議だな」と思うもの（こと）をあげてください。そして、どう不思議なのか説明してみましょう。

不思議なもの（こと）	不思議な理由
（例）200キロ以上の速度で走っている新幹線の中でも、ハエが普通に飛んでいられること。	ハエが普通に飛ぶためには、新幹線と同じ速度で飛ばなくてはならない。でもそんなこと不可能だと思うから。

問3 次の文章を読み、後の問いに答えましょう。

青い鳥のゆくえ

「青い鳥」は幸福の象徴《しょうちょう》なのか？

私はいま横浜に住んでいます。ちょっと高台なので、日曜日の午後など、ぶらりと下の商店街へ散歩に出かけます。

ずいぶんむかしのことですが、坂道を降りきったところにある銀行のポスターが目につきました。そのポスターは、真青の空にお日さまが輝いて、ひまわりの花が咲《さ》き、赤い屋根に白い壁のきれいな家が描かれて、その前には男の子と女の子の二人を連れた若い両親がにこにこ笑いながら、ほんとうに幸せそうな感じで立っている、という絵柄《えがら》でした。

銀行のポスターですから当然、広告です。下に「今期のボーナスは、ぜひ当銀行へ」と書いてあったので、苦笑しました。私たち自由業者にはボーナスなどないからです。そしてその下に、こういうコピーが付いていたのが記憶に残りました。〈しあわせを呼ぶ「青い鳥預金」〉と書いてあったのです。

なにげなくそのポスターを眺めながら坂道を降りていったのですが、ふと頭にうかんできた疑問は、「青い鳥預金」とは一体どういうことか、ということでした。もちろん「青い鳥」というのは、しあわせを呼ぶ希望の象徴として使われているにちがいありません。私たちはふだん「青い鳥」という言葉をよく使います。しあわせを呼ぶ「青い鳥」、そして幸福の象徴としての「青い鳥」。

しかし「青い鳥」というのは一体、なんなのか。すぐ頭にうかぶのは、メーテルリンクという作家の書いた『青い鳥』の物語のことです。『青い鳥』の物語は、誰でもご存知《ぞんじ》のはずです。私もなんとなく、漠然《ばくぜん》とですが、その筋書きは知っています。

まず、チルチルとミチルというきょうだいがいる。そしてそのきょうだいが、しあわせを招く青い鳥を求めて旅をする。あちこち遍歴《へんれき》を続けたあげく、結局、青い鳥はみつからず、家に帰ってくると、自分の部屋の片隅に青い鳥がいた、というストーリーがうかんできます。そして、ほんとうの幸福というものは遠く求めて行ってもみつけることができず、自分のすぐ身近なところにあるものだというお話ではないか。漠然とそんなふうに知っているのです。

しかし、ふと不安になったのは、自分がほんとうにちゃんと『青い鳥』という物語の原作を読んだことがあるのか、ということでした。ひょっとすると中学生のころ、児童演劇の舞台で見た記憶が残っているのかもしれない。あるいは絵本で見たのかもしれない。あるいは少年少女向きのやさしい物語で読んだだけなのかもしれない。

　そう考えますと急に気になって、すぐ書店へ行って『青い鳥』を探しました。最初は書店の人も童話のような本を持ってきてくれたのですが、そうではなくて原作を、と頼みますと、文庫本で二種類あったので、それを買い、家に持ち帰って、その日いちにち原作に読み耽《ふけ》りました。

　すると、驚いたことがありました。それはまず、『青い鳥』がごくごく短かい寓話《ぐうわ》のような物語だと思っていたのが、じつはかなりの分量のある長い作品だったことです。そして『青い鳥』という物語ではなく、お芝居《しばい》の台本、つまり戯曲《ぎきょく》であったことも、そうだったのかと思いました。やはり自分では原作を読んだことがなかったのです。

　さらに、作者のモーリス・メーテルリンクが、そんなにむかしの作家でなかったこともちょっと驚きでした。なにか『青い鳥』を古典のように思いこんでいたのですが、メーテルリンクは一九四九年に亡くなっていますから、私が高校一年生のころに、この世を去った、いわば現代作家なのです。しかも一九一一年にはノーベル賞までもらっている。『青い鳥』の作者が、古いむかしの作家でなかったことも意外でした。

　このモーリス・メーテルリンクという人はベルギーの出身です。最初は弁護士志望だったそうですが、やがてパリへ出、芸術と文化が花開いていた華《はな》やかなパリに刺激《しげき》をうけ、詩人になろうと志します。

　最初は詩人としても評価されていたのですが、やがて一九〇八年に『青い鳥』という戯曲《ぎきょく》を書いて、これが一大反響を巻き起こしました。モスクワをはじめパリその他、世界中の都市で彼の戯曲が上演され、日本でも大正九（一九二〇）年からくり返し上演されてきました。いわば『青い鳥』は世界的なベストセラーになったのです。

『青い鳥』の意外な結末

　この『青い鳥』の物語を一日かかって読んで非常に驚いたことがありました。それは、自分が考えてきたような安易《あんい》な幸福の物語ではなかった、ということです。簡単にそのあらすじを脚色《きゃくしょく》して紹介しておきましょう。

　最初、物語は貧しい木こりの家からはじまります。その木こりの家のひと部屋に、チルチルとミチルという、兄と妹のきょうだいがいます。貧しい木こりの家です。なにしろチルチルとミチルの他に、七人もきょうだいがいたのに、みんな死んでしまって、残ったのは二人だけだというのですから。

二人は、道路をへだてたお金持ちの家を眺《なが》めています。クリスマスのイヴです。お金持ちの家では、つぎつぎにお客さんが馬車で到着し、華やかなシャンデリアの光の下、ご馳走《ちそう》やお菓子がたくさん並び、かすかに音楽も流れている。人びとはそこで笑いさざめきながら談笑《だんしょう》している。

道路をへだてたその華やかなお屋敷《やしき》の様子を、クリスマス・プレゼントももらえない貧しい木こりの子供ふたりが窓に手をかけ、うらやましそうに眺めている、そういう設定です。

妹のミチルが、兄に聞きます。

「あの人たち、どうしてすぐにお菓子を食べないの?」

すると、兄のチルチルが答えます。

「おなかがすいてないんだろう」

「えっ、おなかがすいてないんですって?」

と、びっくりしたように妹が聞き返します。さぞかしいつもおなかをすかせていて、食べものがあればすぐ手を出すような暮らしだったにちがいありません。

「あの人たちは、食べたいときにはいつでも食べられるから」という言葉も出てきます。また、「食べなかったお菓子を、わたしたちにくれるかしら」などと言ったりもします。

うらやましそうに金持ちの家のクリスマス・パーティ風景をのぞき見している二人の前に、魔法使いの老婆《ろうば》が出てきます。魔法使いの老婆はいろんなことを言って二人を誘惑します。

「青い鳥というのがいて、その青い鳥をみつければ、すべてのしあわせが実現するのだ。隣りにいる足の不自由な女の子のためにも、あんたたちはぜひ、青い鳥をみつけに出かけなさい」

こういうふうにすすめます。二人は、最初はちゅうちょするのですが、やがて、その魔法使いの老婆の言葉に誘われ、青い鳥を探す旅に出かけることになります。このへんからはもう夢の世界、と言っていいでしょう。『青い鳥』はファンタジーなのです。

二人はいろんな仲間をつれて、青い鳥を探す旅に出かけます。その旅では、つぎつぎにいろんな困難や失敗や、思いがけない事件が襲《おそ》いかかってきます。たとえば、森のなかにいると、木とか動物たちが突然、二人を襲ったりするのです。「おまえたちの父親は、私たちの仲間を切り倒した」などということを言ったりします。また、せっかく捕まえたと思った青い鳥が、光を浴びるとたちまち色あせてしまったり、いろんな失敗と絶望がくり返されます。そのあげくに、二人は「結局、青い鳥は捕まらなかったね」と言いながら、長い長い放《ほう》浪《ろう》の旅を終えます。

そして二人は寝室で目を覚ますのです。このへんが夢の世界のファンタジーのゆえんでしょう。二人は同じ夢を見ていたとみえて、とりとめのないことを言います。そのうちにチルチルが、ふっと部屋の隅にある鳥籠《とりかご》に目をやります。そこには自分たちがむかしから飼っていた、なんの変哲もない普通の鳥がいます。キジバトとか、そういう鳥なのでしょうか。

ところが、チルチルとミチルの見ている前で、そのふだん見慣れた鳥が青い色を帯びはじめ、どんどん青い光を放って、青い鳥に変身していくではありませんか。二人はびっくりして、「あ、青い鳥はここにいた!」と仰天《ぎょうてん》します。

隣りの足の不自由な女の子のところへもっていくと、たちまちその子の足はなおってしまいます。そして、その青い鳥にどういうふうにエサをやろうか、などと言いながら手に抱こうとしたとき、なんと、その青い鳥はバタバタと羽ばたいて、開け放たれた窓から遠くの空へ逃げ去ってしまうのです。

ここまで読んだとき、私もびっくりしました。もちろん、いちばんがっかりしたのは二人のきょうだいです。

最後の場面は、少年のチルチルが舞台の前に立って、「ぼくたちの青い鳥は逃げていってしまいました。でも、幸福な暮らしにはどうしてもあの青い鳥が必要なのです。だから、あの鳥をみつけた人たちは、ぼくたちに返してください」という、元気のない台詞《せりふ》で幕がおります。

私が驚いたのは、その本のカバー裏に書かれている解説が記憶に残っていたからです。その解説には、こう書かれていました。

「人間のほんとうの幸福というものは、遠く探し求めるものではなく、自分たちの身近なところにあるものだ、ということを教える教訓《きょうくん》的な名作」

私も『青い鳥』はそういう物語だろうと思いこんでいたのです。ところが実際は、すなおにその物語を読んでいきますと、必ずしもそうではないことに気がつかずにはいられません。なぜなら、旅の果てに「しあわせの青い鳥はここにいたのだ」と二人はようやく気づく。しかし、気づいた瞬間その青い鳥はバタバタと羽ばたいて、二人の手を逃れ、遠くの空へ飛び去ってしまうのですから。

メーテルリンクが差し出す大きな謎《なぞ》

私流の読みかたをすれば、この物語は、こういうことになります。人間はいつか、ほんとうの幸福が何か、ということに気づくときがくる。しかし、気づいたときにはもうおそい。

真実に気づいた瞬間その幸福は手から逃れ、たちまち失われてしまうのだ。

こんなふうに読むことはまちがっているかもしれません。あまりにも悲観的な読みかたと思う人もいるでしょう。しかし、この物語を現代の私たちの時代にあてはめて考えてみますと、思わずこんなストーリーが頭にうかんできます。

地方の淋しい村に住んでいる少年がいる。テレビや雑誌を通じて、東京や大都会の華やかな生活を、なんともいえない気持ちで見ている。学校を卒業して自分も大都会へ出ていけば、あんな素敵《すてき》な生活ができるのではないか。そう考えて、やがて実際に東京へ出てくる。

東京で、いろいろなアルバイトをしながら一所懸命、しあわせをつかもうとするが、うまくいかない。現実はきびしい。そのなかで挫折《ざせつ》を重ね、結局、ふるさとへ帰っていく。ふるさとの山や川、そして幼なじみの友達、家族にあたたかく迎えられ、ああ、ほんとうの幸せはここにあったんだな、地道な生活、労働の喜び、こういうところにこそ、ほんとうの人間のしあわせがあったんだなと、その少年は気づいて、幸せに暮らしました、という物語なら、めでたしめでたしで終わります。しかし、『青い鳥』の物語はそうではありません。

本当の幸福、つまり青い鳥は身近なところにいたのだと気づいた瞬間、その青い鳥はバタバタと手のなかから飛び去って、あとは呆然としたチルチルとミチルが残されるのです。こう考えてみますと『青い鳥』は、決して幸福を象徴する物語ではなく、むしろとても悲観的な、絶望的な物語ではないかと思えるようになってきました。

私がふしぎに思ったのは、モーリス・メーテルリンクという作家がどうして、明日にむかって希望を持って生きていかねばならない少年少女たちに、そんな人生の苦《にが》い真実というものをあえて語ろうとしたのか、ということです。人生は希望に満ちている、夢は必ず叶《かな》う、頑張って前向きに生きていきさえすれば——こんなふうに普通は少年少女たちを励ますのが常識でしょう。

しかし、『青い鳥』の結末には、何とも言えない苦い味があります。ほんとうの幸福というものは、つかんだ瞬間、その手をするりと抜け出し消え去っていくものだなどということを、未来にむかって旅立っていこうとする少年少女たちに、なぜわざわざ教えることがあったのか。この謎《なぞ》はいまも私のなかで解決できていません。いまもいろんなことを考えています。

人生というのは安易なものではないと教えようとしたのだろうか。それとも、青い鳥のように、一つの切り札さえ手にすれば、すべてのことがうまくいくなどということはないのだよ、と教えようとしているのだろうか。
いろいろ考えるのですが、まだはっきりした結論は出ていません。しかし、ふしぎなことに、『青い鳥』の物語を読んだり『青い鳥』のお芝居を見たりした少年少女たちが、感想として「おもしろかった。楽しかった」と目を輝かせて述べるのです。『青い鳥』の物語は、私たちに大きな謎を差し出します。しかし、その謎には、逆らうことのできない真実味があります。

五木寛之『NHK人間講座・いまを生きるちから』
（日本放送出版協会・2004年）

(1) 作者が解決できなかった謎とは何でしょうか。まとめてみましょう。

Lesson 10

「もしも」と仮定する

「もしも」は不可能を可能にする力

あなたは「もしも……」と考えたりすることはありませんか。

「もしも、日曜日だったら」とか「もしも、大地震が起きたら」とか「もしも、僕がサッカー選手になったら」とか、あなたもきっとたくさん「もしも」を使っていることでしょう。

この「もしも」は、あなたにとっても、あなたの社会にとっても、とても大事なことです。

なぜなら、「もしも空が飛べたら……」と考えた人がいたから、飛行機は発明されたんですよ。つまり、「もしも」は「夢みる力」「不可能を可能にする力」と言いかえてもいいかもしれませんね。それは私たちにとってとても大切なものなのです。

夢がなくなったら、私たちの社会はどうなってしまうでしょうか。人間は進歩することを忘れてしまうでしょう。不可能はずっと不可能なままです。たとえば治らない病気は、薬が開発されることなく、ずっと治らない病気のままでしょう。夢のない社会に進歩がないように、「もしも」のない社会もきっと進歩のない、つまらないものになってしまうでしょう。

そのくらい「もしも」は大切なもの。だから、これからもたくさん「もしも」と考えてみてくださいね。

問1

朝起きてみると、あなたの背中には、つばさがついていました。このつばさで、あなたはどこへでも飛んでいけるとします。

①空を飛んで、どこへ行ってみたいですか。

②どうしてそこへ行きたいのですか。

③そこへ行って、あなたは何をしますか。

④もし、人間がみんなつばさを持っているとしたら、この社会はどのようになっていると思いますか。

問2

家の中には電気を使うものがたくさんあります。

①どんなものがあるかあげてみましょう。

②電気がなくなれば、そのかわりとしてどんなものを用いればよいか考えてみましょう。

(例)（　電　灯　）→（　ろうそく、ランプ　）

（　　　）→（　　　）

（　　　）→（　　　）

（　　　）→（　　　）

③電気がないと、家の中だけでなく、家の外でも活動が停止します。どのようなものが止まるでしょう。

④電気がなくなると困った事態になりますが、電気がなくならないようにするには、どうしたらよいでしょうか。電気はどうしてできるのかを考えながら、書いてみましょう。

⑤「もしも電気がなくなったら」という題で作文をしましょう。

題「もしも電気がなくなったら」

問3 次の文章を読んで、あなたの考えたことを二〇〇字以内で書いてみましょう。

もし、現在の人類《じんるい》統計《とうけい》比率《ひりつ》をきちんと盛り込んで、全世界を１００人の村に縮小するとしたらどうなるでしょう。

その村には…

57人のアジア人
21人のヨーロッパ人
14人の南北アメリカ人
8人のアフリカ人がいます

52人が女性です
48人が男性です

70人が有色人種で
30人が白人
70人がキリスト教徒以外の人たちで
30人がキリスト教
89人が異性愛者《いせいあいしゃ》で
11人が同性愛者《どうせいあいしゃ》

6人が全世界の富の59%を所有し
その6人ともがアメリカ国籍

80人は標準以下の居住環境に住み
70人は文字が読めません
50人は栄養失調に苦しみ
ひとりが瀕死《ひんし》の状態にあり
ひとりは今、生まれようとしています
ひとり（そう、たったひとり）は大学の教育を受け
そして　ひとりだけがコンピューターを所有しています

もしこのように縮小された全体図からわたしたちの世界を見るなら、相手をあるがままに受け容《い》れること、自分と違う人を理解すること、そして、そういう事実を知るための教育がいかに必要かは火を見るより明らかです

また、こんな視点からも考えてみましょう

もしあなたが今朝、目覚めた時、健康だなと感じることが出来たなら…あなたは今週生き残ることができないであろう100万人の人たちより恵まれています
もしあなたが戦いの危険や、投獄《とうごく》される孤独や、獄門《ごくもん》の苦悩、あるいは飢《う》えの悲痛を一度も経験したことがないのなら…世界の5億人の人たちより恵まれています

もしあなたがしつこく苦しめられることや、逮捕《たいほ》、拷問《ごうもん》または死の恐怖を感じることなしに教会のミサに行くことが出来るなら…世界の30億人の人たちより恵まれています

もし冷蔵庫に食料があり、着る服があり、頭の上には屋根があり、寝る場所があるなら…あなたはこの世界の75パーセントの人々より裕福です

もし銀行に預金があり、お財布《さいふ》にもお金があり、家のどこかに小銭の入ったいれ物があるなら…あなたはこの世界の中で最も裕福な上位8パーセントのうちの一人です

もしあなたの両親がともに健在で、そして二人がまだ一緒なら…それはとても稀《まれ》なこと

もしこのメッセージを読むことができるなら、あなたはこの瞬間、2倍の祝福を受けるでしょう。なぜならあなたのことを思ってこれを伝えている誰かがいて、その上、あなたは全く文字の読めない世界中の20億の人々よりずっと恵まれているからです

昔の人がこういいました
わが身から出づるものはいづれわが身に戻り来る、と
お金に執着することなく　喜んで働きましょう
かつて一度も傷ついたことがないかのごとく 人を愛しましょう
誰も見ていないかのごとく　自由に踊りましょう
誰も聞いていないかのごとく　のびやかに歌いましょう
あたかもここが地上の天国であるかのように、生きていきましょう

このメッセージを人に伝えてください。そしてその人の一日を照らしてください。

作者不詳「アメリカの友人からのメッセージ」
（なかのひろみ訳・2001年）

題「私が考えたこと」

（20字×10行）

問4 次の文章を読み、後の問いに答えましょう。

「人間《にんげん》のことを少《すこ》ししゃべろう」
長《おさ》が珍《めずら》しく口《くち》を開《ひら》いたので、ニングルたちはしいんとしました。

外《そと》は音《おと》もなく雪《ゆき》が降《ふ》っています。

十勝岳《とかちだけ》の奥《おく》の奥《おく》にあるこの太古《たいこ》の原生林《げんせいりん》は、今《いま》はすっかり雪《ゆき》の中《なか》で、時折《ときおり》そっと通過《つうか》して行《い》くキツネやテンやエゾリスのほか動《うご》いているものは何《なに》もいません。彼《かれ》らがこのあたりを通過《つうか》する時《とき》、そっと足音《あしおと》を忍《しの》ばせるのは、ここらがニングルのテリトリーだからです。

ニングル。

このあたりの山奥《やまおく》にそっと棲《す》んでいる、体長《たいちょう》わずか十数《じゅうすう》センチの小《ちい》さなヒトのことを言《い》います。妖精《ようせい》なんかでは決《けっ》してありません。れっきとした小《ちい》さな先住民族《せんじゅうみんぞく》です。昔《むかし》は里《さと》でも目撃《もくげき》されました。しかし人間《にんげん》が森《もり》を伐《か》り始《はじ》めて段々《だんだん》姿《すがた》が見《み》えなくなりました。殊《こと》に昭和《しょうわ》の三十八年頃《さんじゅうはちねんごろ》、北海道《ほっかいどう》にブルドーザーが入《はい》って来《き》て、彼《かれ》らの姿《すがた》はぴたりと消《き》えました。

「人間《にんげん》のことを少《すこ》ししゃべろう」
長《おさ》が重々《おもおも》しく又言《またい》いました。

小《ちい》さな石炉《いしろ》に薪《まき》がバチバチはぜています。

そこは、地元《じもと》の言葉《ことば》でガッポと呼《よ》ばれている、巨木《きょぼく》の中《なか》に出来《でき》た大《おお》きな空洞《くうどう》です。こういうところがニングルの家《いえ》なのです。

「人間《にんげん》は夜《よる》も起《お》きている」
長《おさ》がそう言《い》うとニングルたちはびっくりして一斉《いっせい》に唾《つば》をのみました。

言《い》い忘《わす》れましたが長《おさ》の年齢《ねんれい》は、今年《ことし》で二百八十三才《にひゃくはちじゅうさんさい》になります。勿論彼《もちろんかれ》らは自分《じぶん》の歳《とし》など数《かぞ》えているわけではないのですが、彼《かれ》らは生《う》まれた時親《ときおや》が木《き》を植《う》え、その木《き》と一緒《いっしょ》に成長《せいちょう》するので、自分《じぶん》の木《き》を見《み》ていれば大体《だいたい》どれ位《くらい》生《い》きたかが判《わか》るのです。通常《つうじょう》ニングルの年齢《ねんれい》は百八十才《ひゃくはちじゅっさい》から二百五十才《にひゃくごじゅっさい》といわれますから、さすがに長《おさ》は最長老《さいちょうろう》で、人間《にんげん》の暦《こよみ》になおしますとおよそ江戸時代《えどじだい》の中期《ちゅうき》からずっと世《よ》の中《なか》を見《み》てきたことになります。

「夜《よる》でも起《お》きてるって、起《お》きて何《なに》しとる」
「人間《にんげん》は闇《やみ》でも目《め》が見《み》えるンか！」
「ちがうちがう、そうでない。人間《にんげん》も闇《やみ》では目《め》が見《み》えん」
「なら何《なに》しとる！」
「することがないぞ」

入口《いりぐち》にたらした枯笹《かれささ》のすき間《ま》から冷《つめ》たい風《かぜ》がヒュウと入《はい》って、長《おさ》は鼻水《はなみず》をずるっとすすりました。

「人間《にんげん》は太陽《たいよう》を作《つく》っちまったんじゃ」

ニングルたちは今度《こんど》こそ息《いき》をのみ、あんまり長《なが》いこと息《いき》を止《と》めたので一人《ひとり》のニングルはひっくり返《かえ》りました。

「その太陽《たいよう》は欲《ほ》しい時出《ときで》てくれる。闇《やみ》も照《て》らすしあたためてもくれる」

もう一人《ひとり》のニングルがひっくり返《かえ》りました。誰《だれ》かが小《ちい》さく呟《つぶや》きました。

「人間《にんげん》って、すごい！」

表《おもて》の森《もり》に夕闇《ゆうやみ》が迫《せま》っています。

「だけど、だけど——」

若《わか》いニングルが顔《かお》をまっかにしてききました。

「夜起《よるお》きとって何《なに》をするンだ！　人間《にんげん》はそんなにやることがあるのか」

「いい質問《しつもん》だ」

長《おさ》が重々《おもおも》しく答《こた》えます。

「わしにも判《わか》らん。しかし、あるらしい。そこが人間《にんげん》の判《わか》らんところだ」

いつの頃《ころ》からかニングル社会《しゃかい》では人間社会《にんげんしゃかい》をのぞくべからずという厳《きび》しい掟《おきて》が定《さだ》められていて、それがこのニングルの平和《へいわ》な暮《く》らしを存続《そんぞく》させるのに役立《やくだ》って来《き》たのでした。

「長《おさ》は見《み》たのか！」

「いや、見《み》ちゃおらん。風《かぜ》に聞《き》いた」

「風《かぜ》はどう言《い》った。夜起《よるお》きて人間《にんげん》は何《なに》をしてるンだ」

「色《いろ》んなことだそうだ。若《わか》いもんたちは飲《の》んだり食《く》ったりさわいだりしとるらしい」

「眠《ねむ》くないのか！」

「そりゃ眠《ねむ》いだろう」

「眠《ねむ》りゃあいいのに」

「大人《おとな》は何《なに》してる！」

「男《おとこ》の大人《おとな》は仕事《しごと》をしとるらしい」

「夜《よる》になってもか！」

「やっとるらしい」

「どんな仕事《しごと》だ」

「金《かね》を数《かぞ》えとる」

「金《かね》って何《なん》だ！」

「むずかしいことをきくんでない。だから人間《にんげん》のことは判《わか》らんのだと言《い》っとる」

急《きゅう》に不機嫌《ふきげん》な顔《かお》つきになって、長《おさ》が大《おお》きなクシャミをしたので、ニングルたちはみな黙《だま》りました。知《し》らなくてもいいことを自分《じぶん》たちがきいてしまったことを反省《はんせい》したのです。

「あの、もひとつきいて良《よ》いもんかな」

中年《ちゅうねん》の、といっても百才《ひゃくさい》はとっくに超《こ》えているのですが、髪《かみ》の薄《うす》いニングルがおずおずと声《こえ》を出《だ》しました。

「何《なん》じゃ」

「人間《にんげん》の作《つく》っちまったその太陽《たいよう》ってもンは、一体《いったい》どの位《くらい》の大《おお》きさなんかな」

ウッ、と小《ちい》さく喉《のど》が鳴《な》ったのは、長《おさ》が返事《へんじ》に困《こま》ったからでしょう。

「ま、色《いろ》んな大《おお》きさのがあるんでないかな。こんくらいのも――こんくらいのも」

「一《ひと》つでないのか！」

「うん。一《ひと》つでない」

「太陽《たいよう》をいくつもこさえてしまったンか！」

「風《かぜ》の話《はなし》では殆《ほと》どの人間《にんげん》が夫々《それぞれ》みんな、自分《じぶん》の太陽《たいよう》を持《も》っとるらしい」

ゲエッ!!

あまりの驚《おどろ》きに目玉《めだま》の飛《と》び出《だ》した奴《やつ》までいて、ニングルたちはもうパニックです。

「太陽《たいよう》っていやあわしらには神様《かみさま》だ！」

「それを一人《ひとり》ずつ持《も》っとるンか！」

「ちゃんと祭《まつり》をしとるンか！」

「人間《にんげん》って、すごい！」

「いや、やり過《す》ぎだ！」

けんけんがくがく、凄《すさ》まじい騒《さわ》ぎです。実《じつ》はニングルの声《こえ》というのはかなり高音部《こうおんぶ》のきついもので、人間《にんげん》でいえばカウンターテノール。それが一斉《いっせい》にわめき立《た》てると何《なに》やら寝込《ねこ》みを襲《おそ》われた小鳥《ことり》の群《むれ》のような騒《さわ》がしさです。

「人間《にんげん》が太陽《たいよう》を作《つく》る場所《ばしょ》を、何年《なんねん》か前《まえ》わしは見《み》たことがある」

一人《ひとり》の長老《ちょうろう》が言《い》い出《だ》したので、みんなはぴたりと騒《さわ》ぐのを止《や》めました。

「大雪山《だいせつざん》の北《きた》にわしらがおった頃《ころ》、突然里《とつぜんさと》から人間《にんげん》がやって来《き》て近《ちか》くの森《もり》をどんどん伐《か》り始《はじ》めた。そりゃあ恐《おそ》ろしい光景《こうけい》じゃった。機械《きかい》が唸《うな》り、倒《たお》される度《たび》に樹《き》たちが物凄《ものすご》い悲鳴《ひめい》をあげるんじゃ。アッという間《ま》に森《もり》はなくなり、川《かわ》をせきとめて大《おお》きな大《おお》きな建物《たてもの》が建《た》ち始《はじ》めた。わしらはぶるぶる震《ふる》えて見《み》とった。それが人間《にんげん》が太陽《たいよう》を作《つく》る、山《やま》の作業場《さぎょうば》じゃとわしらは聞《き》いた。わしらがその場所《ばしょ》から奥《おく》へ移《うつ》ったのは作業《さぎょう》場《ば》が立《た》ち上《あ》がる少《すこ》し前《まえ》のことじゃ。作業場《さぎょうば》の上流《じょうりゅう》に大《おお》きな池《いけ》が出来《でき》、川《かわ》は傷《きず》だらけになってしもうた」

ニングルたちはしんと黙《だま》っています。

外《そと》の森《もり》では風《かぜ》がヒョウと吹《ふ》き、梢《こずえ》の雪《ゆき》がサアッと落《お》ちて、あたりは真白《まっしろ》に見《み》えなくなりました。雪《ゆき》あかりはあるものの、森《もり》はもうすっかり夜《よる》の色《いろ》です。

「長《おさ》が眠《ねむ》っとる」

誰《だれ》かが言《い》いました。

長《おさ》が眠《ねむ》ったのは夜《よる》が来《き》たからです。みんなそれを見《み》て瞼《まぶた》が重《おも》くなり、てんでにゴロンと横《よこ》になりました。

若《わか》いニングルが眠《ねむ》りに落《お》ちながら半分眠《はんぶんねむ》って考《かんが》えておりました。

「人間《にんげん》ってすごいな。夜《よる》になっても起《お》きてるんだな。何《なに》をしてるんだろう。疲《つか》れるだろうな――」

あたりをすっかり闇《やみ》が覆《おお》い、ニングルたちの棲《す》む大《おお》きな洞《うろ》の木《き》も殆《ほとん》どもう闇《やみ》に溶《と》けこんでしまいました。

耳《みみ》をすますと小《ちい》さな寝息《ねいき》が、雪《ゆき》の底《そこ》からかすかに聞《き》こえます。


倉本聰『ニングルの森』より「太陽」（集英社・２００２年）

(1) あなたはニングルではなく人間です。少しニングルたちに人間のことを教えてあげましょう。彼らが言っている「太陽」とは何のことで、もし、それがないと人間はどうなってしまうのでしょうか。

(2) ニングルから見ると、人間はどのような生物に見えているのでしょうか。まとめてみましょう。

(3) 「もしも」という考え方は、このお話ではどのように使われているのでしょうか。

Lesson 11

逆にする

「逆説＝パラドックス」を探してみる

ものごとには「よく考えると逆になっている」ことがよくあります。

表だと思っていたら裏だった、上だと思ってたら下だった、良いと思っていたら悪かった、などなど。

具体的には、「何度押しても開かなかったドアを引いてみたら簡単に開いた」とか「天体が動いていると思っていたら、地球が自転していた」「相手の間違いを責めていたら、実は、自分が悪いことに気づいた」など、いろいろ考えられます。

「逆説《ぎゃくせつ》＝パラドックス」という言葉があります。これは、「一見すると世の中の常識とはちがうように思われるけれども、よく考えてみると目から鱗《うろこ》が落ちるような真理が含まれていること」を言います。

論説文などでは、はじめに読者の興味をひくために、わざと常識とは反対のことを言ってはじめることもあります。

このように、「逆にする」ことで、新しく見えてくるものがあります。つまり、「逆にする」ことは、考えを深めるための重要な要素だと言えるのです。

問1 次にあげる格言は「逆説」を表現しています。どのような意味の格言でしょうか（辞書で調べてみましょう）。

急がばまわれ	負けるが勝ち	逃げるが勝ち	将《しょう》を射《い》んとせば、まず馬を射よ

問2 次の文章は古い日本語で書かれています。その意味を両親や学校の先生などから教えてもらい、あなたの感想あるいは意見を書いてみましょう。

「善人なをもて往生《おうじょう》をとぐ、いわんや悪人をや」

親鸞《しんらん》『歎異抄《たんにしょう》』

〈意味〉

〈感想・意見〉

問3

モーターは電気で回ります。つまり、電気が原因で、結果としてモーターが回るのです。一方、発電機はモーターを回すことで（原因）、電気が発生します（結果）。このように、原因と結果を逆さにすることで新しい考えが生まれることがあります。ほかにどんなことがあるか、考えてみましょう。

問4

「情《なさけ》は人のためならず」とはどういう意味でしょうか（辞書で調べてみましょう）。

問5

次の詩を読み、後の問いに答えましょう。

たくさんの風になって

どうか私のお墓の前で泣かないでください。
私はそこに眠ってはいません。

私は
あの空を吹き抜けるたくさんの風に
きらきらと雪の上に輝くダイヤモンドに
熟れた穀物にふりそそぐ日の光に
そして
秋にはやさしい雨になっているんです。

あなたが
朝の静けさの中で目を覚ますと、
私は一陣の風になって舞い上がり、
空に静かに鳥を舞わせ、
そして
夜にはやさしい星になって輝いているんです。

どうか私のお墓の前で泣かないでください。
私はそこにいません。
私は死んでいません。

a thousand winds

Do not stand at my grave and weep;
I am not there, I do not sleep.

I am a thousand winds that blow.
I am the diamond glints on snow.
I am the sunlight on ripened grain.
I am the gentle autumn's rain.

When you awaken in the morning's hush,
I am the swift uplifting rush
Of quiet birds in circled flight.
I am the soft stars that shine at night.

Do not stand at my grave and cry;
I am not there, I did not die.

（作者不詳／工藤順一訳）

右にあげた英文の詩は、英語で発表され読みつがれている作者不詳の詩です。アメリカの同時多発テロの一周忌やマリリン・モンローの二十五回忌で朗読されたと言われています。多くの方が日本語訳を発表していますが、今回は、筆者自身が翻訳しました。

(1) この詩では、何がどう逆転されているのでしょうか。

Lesson 12

全体を意識する

木を見て森を見ず、森を見て木を見ず

人間の視野は一度に見えるものがかぎられています。ですから、今見えているものや考えていることは、何かより大きなことやものの一部分でしかないのです。これは正しく考える上でとても大切なことで、常に意識しているべきでしょう。

全体を見たり、全体から考えるためには、ただ見るだけでなく、離れて見る、ただ考えるだけでなく、いろんな角度から考える、などの工夫《くふう》が必要になります。

ここでは、まず、全体を見るために知っておいてほしい四つの視点・意識を紹介します。

①地（背景）と図

下の絵（ルビンの壺《つぼ》）を見てください。黒い部分に注目すると、人間の顔が向かい合っているように見え、白い部分に注目すると、壺やグラスのように見えます。このように視点を変えることで、見え方は変わってくるものです。これを「考える」ことにも応用してみるのです。

たとえば、「道を歩く」ということは、「道が歩くことをうながし支えている」というようにも考えられます。「ノートに鉛筆で文字

を書く」であるなら、「紙のざらざらの具合が鉛筆の芯《しん》を削り線《せん》模様《もよう》をつくる」というように考えることもできます。

視点を変えてまったく逆のサイドから考えることで、より広い視野で考えることができるようになります。

②森と木のあり方

「木を見て森を見ない」、「森を見て木を見ない」という言い方があります。これは「全体を構成している部分」を木、「それらのまとめとしての全体」を森として表現しています。

『木を見る西洋人、森を見る東洋人』（リチャード・E・ニスベット、ダイヤモンド社）というタイトルの本もあります。この本では木を見る分析的な考え方と、森を見る包括的《ほうかつてき》な考え方ということを述べていて、世界についての考え方は根本的に一つではないことを教えてくれます。

③枠（フレーム）

ある枠をつくると、必ずその枠の内側と外側というものが発生します。

④マクロ（より広く見る）の見方とミクロ（よりせまく見る）の見方

地動説《ちどうせつ》と天動説《てんどうせつ》——今から三〇〇年ほど前の時代にガリレオは「それでも地球は動く」という有名な言葉を言いました。その当時は天動説が信じられていたのですね。現代という時代から見るとこの二つの説は実は、マクロとミクロという見方がちがうだけだということがわかります。

問1 次の文章を逆の立場から言うとどうなるでしょうか。

①人が椅子《いす》に座る↕

②右手で左手を触《さわ》る↕

③犬を散歩に連れて行く↕

④ボールを投げる↕

問2 一部の新聞と一冊の本のちがいについて考えてみましょう。森を全体、木を部分と考えると、新聞と本は、どちらが一つの森としてまとまって見えるかを考えてみましょう。

問3

次の二つの絵の内容を文章で説明してみましょう。

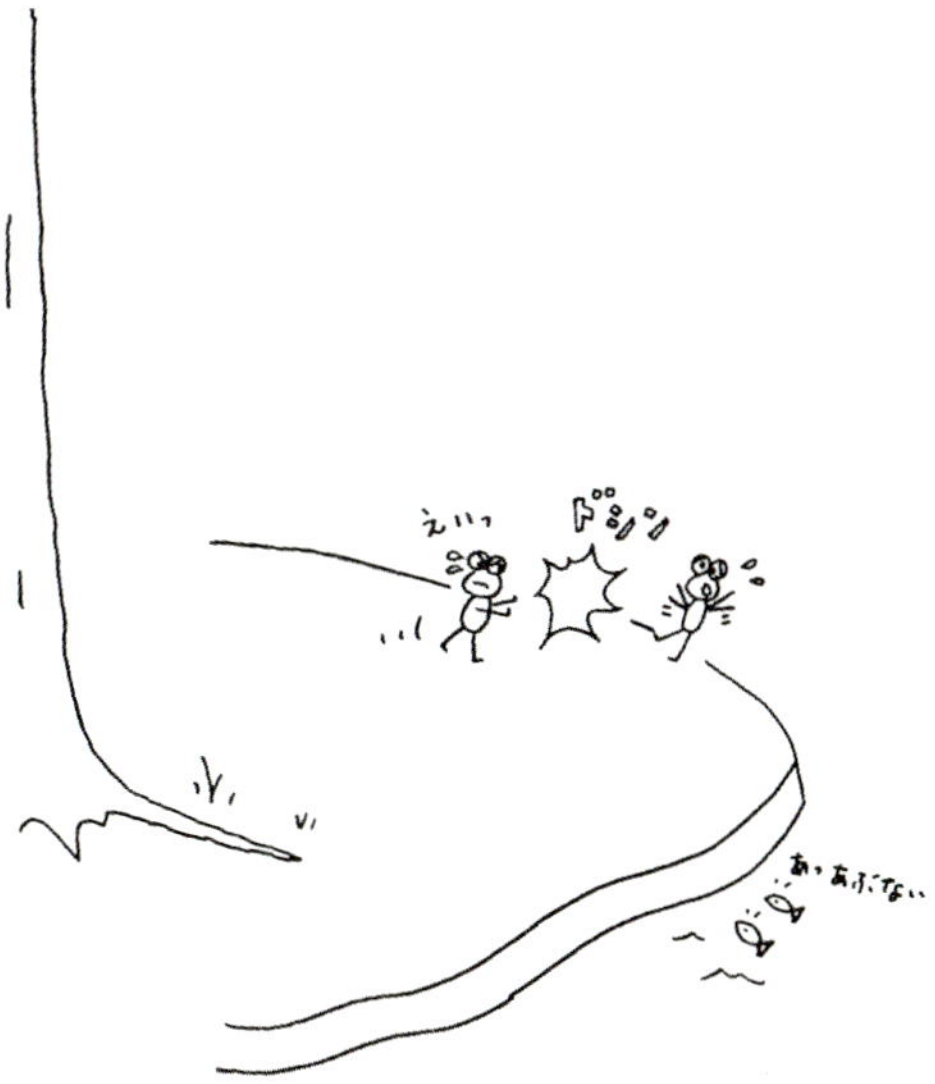

佐藤雅彦『プチ哲学』（マガジンハウス・2000年）

問4

次の図を人にわかるように声に出して説明してください。

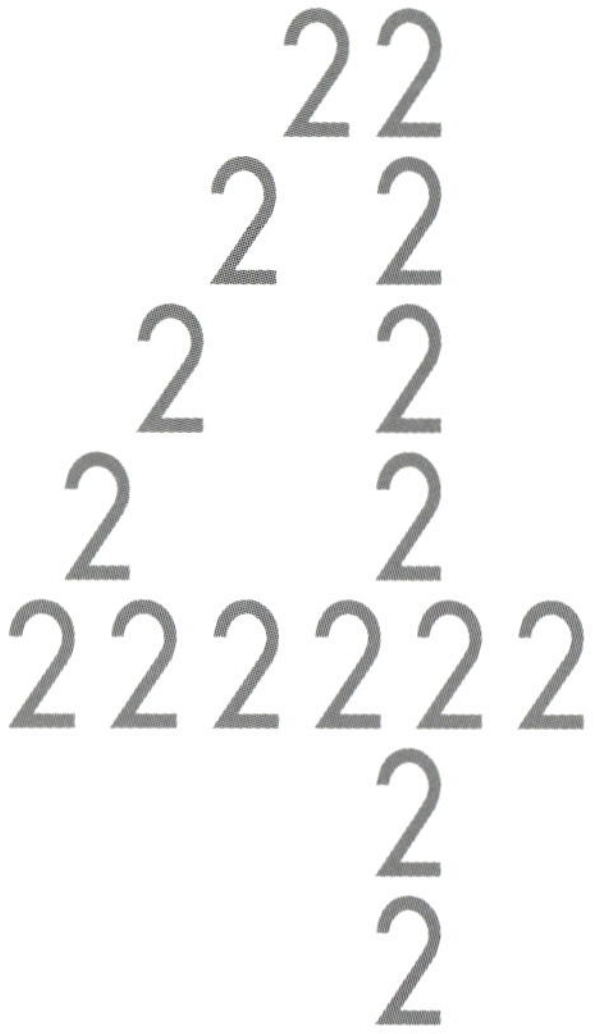

問5

地動説《ちどうせつ》と天動説《てんどうせつ》の関係を説明してみましょう（まずは、それぞれの言葉の意味を辞書で調べてみましょう）。

問6 次の文章を読み、後の問いに答えましょう。

◆現代とはどのような時代か

〈主題〉現代という時代の特徴は、「宇宙から見て我々の存在が見える」ということにあります。宇宙から見て「見える」ということがどういう意味を持つのかということを考えると、現代とは如何《いか》なる時代か、我々がこれからの未来について今何を考えるべきなのか、といった問題が見えてくると思います。

①宇宙から見て見える存在とは

一九六九年人類はアポロ計画によって月に行き、月から地球の姿を見ました。皆さんもテレビや写真などで画像を見たことがあると思います。月の地表のかなたに地球が映っている。それは、宇宙に漂《ただよ》う天体としての地球が見えるということです。我々が地球の上に住んでいて体験する地球、つまり、大気や海、大陸といった個々の物質圏《けん》としての地球ではなくて、一つの天体としての地球が見える。この天体としての地球が我々の認識の中に入ってきたということが、非常に大きな意味を持っているのです。この点がまず出発点です。

今述べたことは、視覚的な意味でのアポロ計画の意味ですが、学問的にはもっと深い意味があります。学問的な意味まで含めて宇宙から見て「見える」ということの意味を考えてみる必要があります。実は我々が月に行って初めて、太陽系の天体として地球がたどった歴史を語ることができるようになったのです。

我々は地球の上にいるので、太陽系のなかでいちばんよく知っているのは地球のことです。しかし、地球の歴史について調べようとしたとき、試料《しりょう》として利用できるものは、地球上で回収される岩石などしかありません。現在我々が知っているいちばん古い試料でも、岩石では四〇億三〇〇〇万年くらい前、鉱物で四四億年くらい前のものです。また、生命の痕跡《こんせき》を残すような最古の岩石で三八億年くらい前、最も古い細胞化石を含むようなもので三四億六五〇〇万年くらい前のものです。

では、地球が生まれたのはいつなのか。いちばん古い鉱物が四四億年くらい前のものですから、地球が四四億年前に生まれたのかというと、そうではありません。別の理由から、地球の年齢はもっとさかのぼるということが知られているのです。しかし残されている記録として、地球の歴史を地球上でいくら詳しく調べても、ある年代以上にはさかのぼれないということがアポロ計画のときすでにわかっていました。アポロ計画によって月に行った結果、月には地球上より古い岩石があることがわかりました。つまり、四五億年以上前の岩石が見つかり、月という天体がたどった四五億年以上も前にさかのぼる歴史がわかったわけです。月は地球の衛星ですから、月に記録されていることと同様のことが、地球でも起こり得ると考えられます。つまり、月のことがわかれば、地球のこともある程度わかるわけです。例えば、自分が子どものころのことを知りたいと思ったとき、自分自身は覚えていなくても、兄弟姉妹に聞くことによって知ることができます。この兄弟姉妹に相当するものが月であり、太陽系のほかの惑《わく》星《せい》です。ほかの天体に行き、同様に地球を天体として見たとき、実はそういうアナロジーとして地球の歴史が語れるようになったのです。つまり、地球上には残っていない記録がほかの天体には残っていて、その記録をもとに地球のことが語れるようになった。これがアポロ計画のもう一つの意味です。

②地球は一つの「システム」

では再び最初にもどって、一つの天体として見える地球とは、どういうことを意味するのか。一言でいうと、地球が一つのシステムとして見えるということです。地球の上では全体が見えませんから、大気や海洋、大陸、生物圏、人間圏など、自分の身のまわりにある、地球を構成するそれぞれの物質圏を語るのが、地球を語るということの従来の認識のしかたです。一方、宇宙から天体としての地球を見ると、空や海、大陸と分かれた物質圏が個別には見えず、全体が見えるわけです。つまり、大気・海・大陸・生物圏・人間圏といった物質圏が個別にあるのではなくて、それらが有機的につながった全体が見えるのです。これを専門的には地球が一つの「システム」であるといういい方をします。したがって、宇宙から地球を見たとき、我々の存在を含めて地球という星が一つのシステムとして認識され、そのシステムの中に組み込まれた存在として我々が認識されるということになります。

我々は自分自身が存在していることを知っていますから、月の上から地球を見たとき、自分たちの姿が見えなくても、あそこに我々はいるのだということを概念《がいねん》的には理解できます。しかし、その存在を画像として実際に見ることもできます。太陽の光が当たっている部分（昼間）の地球では我々の姿ははっきり見えません。しかし太陽の光が当たっていない部分（夜間）の地球には、煌々《こうこう》と光り輝く光の海が見えます。これは、我々が今この地球上で、地球システムの構成要素の一つとして人間圏をつくって生きていることを、具体的に画像として見ているということです。このように、「宇宙から見える我々の存在」という視点は、今までの〝我々とは何か〟という議論で認識されていなかったことです。そして、このことが従来の人間論とのいちばん大きな違いになってくるのです。このように宇宙から見える存在、人間圏をつくって生きる我々とは何かということを問わないと、現代という時代の意味をとらえることはできないのです。

③地球システム論から見た現代

現代という時代の特徴が「宇宙から見て我々の存在が見える」という点にあることは、地球システムの構成要素が変わったということを意味します。今我々が認識する人間圏は四六億年前に地球が生まれたときから存在するわけではありません。地球の歴史のどこかで生まれたわけです。ということは、人間圏が生まれる前と後の地球を比べると、地球システムの構成要素が変わったことになります。この構成要素の変化は、地球という星の状態としてはすごく大きな違いになります。それでは、そのような視点から地球の歴史をどう考えたらよいか。そのような視点から歴史を分けるとすると、構成要素が変化した時代を一つの時代区分として考えるのが最も普通の考え方になります。地球を一つのシステムとして見たとき、地球史という時間スケールでも、現代という時代は時代を画する時代だということがいえます。つまり、地球システムの中に新しく人間圏が出現し、地球システムの構成要素が変わったのが現代という時代だからです。我々が現代という時代を考える場合、これまでの文明という時間スケールでの、たかだか一〇〇年の現代を考えるのが普通でした。それではは不十分だということです。

あるいは、人間論としても、まったく新しい考え方を展開する必要があります。今まで語られてきた人間論は二つあります。一つは生物学的な意味でヒトと他の生物がどう違うかという人間論です。また、ヒトというのは大きな脳を持ち、大脳皮質が非常に発達した生物ですが、現生人類は脳の回路の接続のしかたが変わり、抽象的にものを認識したり考えたりすることができるようになりました。その結果、「我思うゆえに我あり」という哲学的な人間論が展開されてきました。しかし、そういう考え方だけでは現代という時代をとらえることはできません。我々が人間圏をつくって生きはじめ、地球システムの構成要素が変わったということは、現代という時代や我々の存在を、既存《きぞん》の視点では語ることができないということを意味しているからです。ですから、このシリーズでは既存の視点とは違う別の視点から、我々とは何か、どこから来てどこへ行くのか、宇宙で我々のような存在は普遍的な存在なのか、ということを語っていきたいと思います。

ここで、「我々」という言葉を狭義《きょうぎ》に解釈すれば、今人間圏をつくって生きている現生人類ということになりますが、ここではもう少し広くとって、今地球上にいるあらゆる生物まで含めて、我々と呼ぶことにします。我々はどこから来てどこへ行くのか、あるいは宇宙で孤独な存在かという問いを、現生人類だけでなく、地球システムにおける生物圏にまで拡大して考えたときに、どう考えられるのかということを紹介したいと思います。それはすべてを統合し、ものごとを俯瞰《ふかん》的にとらえる、ということです。これは従来の二元論、要素還元《かんげん》主義の限界を超えることを意味します。こういう学問が二一世紀の科学として必要であり、今まさに誕生しつつあるのです。これが「宇宙から見て見える存在」ということの意味の一つです。

松井孝典『ＮＨＫ人間講座・宇宙からみる生命と文明』
（日本放送出版協会・２００２年）

(1) 本文中の①～③の文章のまとまり（意味段落）をそれぞれ要約してください。

①	②	③

考えるヒント

●主題をしっかり読むと、①～③の意味段落が、主題で提示された「問題」の答えになっていることがわかります。

意味段落①——二つのポイントが書かれています。

意味段落②——はじめの方にまとめが書いてあり、あとはそれを言いかえています。

意味段落③——後半部分に大切なことが書かれています。

Lesson 13

「考えるシート」で書く

書きながら考える、考えながら書く

「考えるための12の道具」をひとつひとつ学習してきました。この章では「考えるための12の道具」を実際に使って考え、考えたことを作文にします。

考える練習には、書くのがいちばんです。言いかえれば、どんなすばらしい考えを持っていても、書き表さなければ無に等しいのです。

「考えるための12の道具」を使って考え、作文を書くのにとても便利なのが「考えるシート」です。

「考えるシート」とは「考えるための12の道具」を使ってどのように作文を書くかをまとめた流れ図です。「考えるシート」を考えるためのメモ帳として使い、どんどん書き込んでいくことで、だれでもかんたんに考えることができ、さらに考えたことを作文にすることができます。

200字、あるいは400字程度の作文であれば、「考えるための12の道具」のなかから、2つか3つ使うだけで、十分に書くことができます。12の道具をすべて使う必要はありません。

①言いかえる

書きたいテーマ（A）をいいかえてみましょう。あるいはそれを定義づけましょう。辞書をひいてもかまいません。辞書には言葉の意味が書かれています。つまり、それは言いかえとも言えるのです。

②整理し、分類する

Aがいくつもの意味を持っている場合、Aが含んでいる意味を整理し、分類してみましょう。

③比べる

Ａと同じ意味を持つ言葉や、反対の意味を持つ言葉をそのＡと比べてみましょう。

④具体的には？　抽象的には？

Ａが抽象的な場合には具体的に、具体的な場合は抽象的に考えてみます。

⑤ひらめく（新しいお話をつくる）

マッピングをして想像を広げ、何か新しいお話、つながりが見えないか考えましょう。

⑥たとえる

Ａをたとえるとどのような言い方ができるでしょうか。

⑦思い・感情

Ａに対する自分の感情や思いをあらためてじっくりと探ってみましょう。

⑧サングラスを意識する

Ａに対する先入観がないかどうか考えてみましょう。

⑨「なぜ」と疑う

Ａを疑ってみます。なぜそのＡとなるのか考えてみましょう。あるいは、Ａそのものが間違っているのではないかと疑ってみましょう。

⑩「もしも」と仮定する

もしもＡでないなら、とか、Ａがなければと考えてみましょう。

⑪逆にする

Ａの反対語を考えてみます。あるいは、Ａという現実や現象を逆さまにして考えてみましょう。

⑫全体を意識する（全体と部分）

Ａを含んでいるより大きなものを意識してみましょう。

「考えるシート」の使い方

テーマ

名前

①言いかえる	②整理し、分類する	③比べる	④具体的には？　抽象的には？
⑦思い・感情	⑧サングラスを意識する	⑨「なぜ」と疑う	⑩「もしも」と仮定する

- この欄はすべて埋める必要はない。
- 二つか三つぐらいでもよい。
- 自分のやりやすいところ、すぐに思いつくところから書けばよい。
- 書いても最終的に使わないものがあってもよい。

⑤ひらめく（新しいお話をつくる）

⑥たとえる

⑪逆にする

⑫全体を意識する（全体と部分）

どれを使うか

どの順番で使うか

●ここで全体を構成する。
●□に番号を書き込む。
●□一つで一段落をつくる。

もっと詳しく書きたいところ

つながりを考える

まとめ　一番言いたいこと

●「まとめ」だけは必ず書くこと。
●「まとめ」を先に書いた後で、全体の構成をする方がうまくいくことが多い。

（「考えるシート」©国語専科教室）

●書く内容のつながりをきちんと考え順番をつくること。

問1 左の記入例を参考に、以下のテーマについて「考えるシート」を使って考え、作文を書いてみましょう。

テーマ

① 歴史

名前

T・S君（小五）

①言いかえる

昔の出来事からいろいろなことを学べる。

②整理し、分類する

太平洋戦争前まで国民は政治に口出しはできなかったが、太平洋戦争後は、国民も政治に口出しをできるようになった。

③比べる

④具体的には？　抽象的には？

⑦思い・感情

日本の歴史は、いろいろな人物が活やくしたりしておもしろいと思うが、戦争などの、悲しい思いもある。

⑧サングラスを意識する

戦場にいかないので、戦場の悲しさがわからないからである。

⑨「なぜ」と疑う

なぜ戦争が起きるのか。理由は二つある。一つは、自らの国さえよければ、他の国などどうでもいいと考えるからである。もう一つは、戦争が起きても、上の身分の人自身は、戦場にいかないので、戦争の悲しさがわからないからだ。

⑩「もしも」と仮定する

もし、歴史がなかったら、昔の出来事からいろいろなことを学べないので、戦争などの悲しい事件がくりかえされてしまうと思う。

⑤ひらめく（新しいお話をつくる）

⑥たとえる

⑪逆にする

⑫全体を意識する（全体と部分）

どれを使うか

①

⑦

⑧

⑩

どの順番で使うか

⑦ → ⑨ → ① → ⑩

もっと詳しく書きたいところ

つながりを考える

まとめ　一番言いたいこと

歴史とは、過去の出来事をうつす鏡のようなものである。

（「考えるシート」©国語専科教室）

「歴史」

T・S

歴史とは、過去の出来事をうつす鏡のようなものである。

歴史にはいろいろいろな人物が活躍していておもしろい。だが、戦争などの悲しい出来事もある。

その悲しい出来事である戦争はなぜ起こるのだろうか。理由は二つある。一つは、自らの国さえ良ければ他の国などどうでも良いと考えるからである。もう一つは、戦争が起きても上の身分の人自身は戦争に行かないので、戦争の悲しさや辛さがわからないからである。
　もし歴史がなかったら、昔の出来事からいろいろなことを学べないため、戦争などの悲しい事件がくりかえされてしまうと思う。

講評

小学五年生が書いたものであり、よくできている。最後の段落ははじめにきてもよいかもしれない。

（20字×20行）

テーマ

① 歴史

名前

①言いかえる	②整理し、分類する	③比べる	④具体的には？　抽象的には？
⑦思い・感情	⑧サングラスを意識する	⑨「なぜ」と疑う	⑩「もしも」と仮定する

⑤ひらめく（新しいお話をつくる）

⑥たとえる

⑪逆にする

⑫全体を意識する（全体と部分）

どれを使うか

どの順番で使うか

もっと詳しく書きたいところ

つながりを考える

まとめ　一番言いたいこと

(20字×20行)

テーマ

②大切なもの

名前

①言いかえる	②整理し、分類する	③比べる	④具体的には？　抽象的には？
⑦思い・感情	⑧サングラスを意識する	⑨「なぜ」と疑う	⑩「もしも」と仮定する

⑤ひらめく（新しいお話をつくる）

⑥たとえる

⑪逆にする

⑫全体を意識する（全体と部分）

どれを使うか

どの順番で使うか

もっと詳しく書きたいところ

つながりを考える

まとめ　一番言いたいこと

（「考えるシート」©国語専科教室）

（20字×20行）

テーマ

③いじめ

名前

①言いかえる

②整理し、分類する

③比べる

④具体的には？　抽象的には？

⑦思い・感情

⑧サングラスを意識する

⑨「なぜ」と疑う

⑩「もしも」と仮定する

⑤ひらめく（新しいお話をつくる）

⑥たとえる

⑪逆にする

⑫全体を意識する（全体と部分）

どれを使うか

どの順番で使うか

もっと詳しく書きたいところ

つながりを考える

まとめ　一番言いたいこと

（「考えるシート」©国語専科教室）

（20字×20行）

解題「考える」とは何か

1 何のために考えるのか

●「考えなさい」なんて言われなくても考えています

さて、「考えなさい」と先生にとりたてて言われなくても、実は、人はだれでも考えています。「今夜の夕食は何にしようかな」とか、「何時に寝ようかな」とか、「明日のテストは何が出るだろうか」とか、あれやこれやと人は考えずにはいられない動物なのです。どんなにのんきに、あるいは感情的に振る舞っていても、日常生活の中で、人間はいやおうなく考えながら生きているのです。この次元の「考える」は、「思う」や「心配する」、「気にする」と言いかえてもいいでしょう。

特に、見慣れないものや聞き慣れない未知のものが出現したとき、人は「何?」となります。このとき、「考える」ことは自動的に働き出します。それは未知のものがそのままであると、何か自分に危害を加えるものかもしれないと不安になるからです。あるいは、「何だろうか」という好奇心が働くからです。

●考えることは「わかる」ためのプロセスです

たとえば、赤ん坊を思い浮かべてみてください。赤ん坊にとっては、目の前のものがすべて未知のはずです。赤ん坊はいたるところをはいずり回り、何かを見つめたり、手当たり次第さわったり、口にくわえたりして何とかそれを自分のわかるものにしようと努力しています。この場合の赤ん坊は言葉は持っていませんが、全身全霊《ぜんしんぜんれい》でもって考えていると言ってもいいのかもしれません。

ですから、人はだれに言われなくても、この赤ん坊のように未知のものを「わかろう」と努力しながら、その世界を広げていっているのです。それが「考える」ことだと言ってもいいくらいです。つまり、ここで一つの結論を言うと、人は「わかる」ために考えているのであり、考えることはそのためのプロセスです。

このように、人はだれでも、いちいち「考えなさい」などと言われなくても、未知のものを慣れ親しんだもの（＝既知《きち》のもの＝わかるもの）に変える努力、つまり考えてわかるようにしながら、常に生きていく世界を広げ、より安心し幸福にすごそうとしているのです。

どうして「考える」努力をしなければならないのか

人がいやがおうでも考える動物であるなら、どうしてとりたてて「考える」練習なんかをする必要があるのでしょうか。それについて少し考えてみましょう。わからないものがわかるようになり世界が広がる。あるいは安心する、勉強ができるようになる。それは確かに本当でしょう。では、勉強ができるようになればどうなるのでしょうか。そこまで考えてみなければ考えることにはなりませんよね。さあ、どうなるのでしょうか。これはあなたが考えてみてください。勉強は学校が終わっても続くものです。ヒントは、人間にはすべてのことがわかっているでしょうか、ということです。

大前研一という経営コンサルタント（会社に対して、経営のアドバイスをする専門家）は、『考える技術』（講談社）という大人向けの本の中で、これからの時代は考えるか考えないかで所得《しょとく》（収入などのこと）が何倍もちがってくると、語っています。会社経営の分野では、考えることがお金に反映するというわけですね。これは、わかりやすく説得力のある言葉だと思います。

ただ、だれもが会社を経営したり、経営者になるわけではありません。主婦になる人だって公務員になる人だっています。結婚しない人もいるだろうし、特に職業にはつかない人もいるでしょう。職業に貴賤《きせん》はないといいますが、それも本当のことだと思います。「大人になったら何になりたいの?」とだれでも一度は質問されたことがあるでしょう。考えてみれば、「必ず何かにならなければならない」ということも実はないのです。「自分は何にもなりたくなく、自由になりたいんだ」と言う人がいてもいいのです。

考えることと所得とが関係ない職業というものがあります。公務員や主婦の場合だとどんなに考えて仕事をしたところで、それが自分の収入に反映されるわけではありませんね。

生きていくためのルールのようなものとしてお金は大切なものですが、この世にはお金とは直接に関係がないこともたくさんあります。「生と死の問題」「存在と無の問題」(難しいですか?)などは、その代表的なものでしょう。それらはだれにも関係し、それを解決しなければ生きていること自体が「宙づり状態」になってしまうことが多いものです。

もちろん、他にもまだまだたくさんあげられることでしょう。どれをとってもとても難しいものばかりで、人類はまだこれらの問題には何ひとつ応えてはいません。応えようと努力している人がわずかにいるだけです。

異化と同化

さて、私たちは何一つわかっていない赤ん坊の状態から、数え切れないぐらいの体験をして言葉を覚え、一〇年ぐらいするといろんなものを経験して、何もわかっていない状態から、少しくらいはわかっている状態に次第になっていきます。

そして大人になると、もう何一つ珍《めずら》しいものはなくなってしまいます。ヨースタイン・ゴルデルの書いた『ソフィーの世界』（日本放送出版協会）では、それを「大人は単に慣れっこになっただけ」と表現しています。

そう、大人はわかっているのではなく、慣れっこになっているだけなのです。慣れっこはわかったこととはまったくちがいますよね。とりわけ、前にあげた難問、「生」や「存在している」という不思議さについては、そのことが言えると思います。なぜなら、「どうして私たちは日本に生まれてきたのか」に答えられる人はいるでしょうか。私たちは日本人として生きていることに慣れっこになっていて、そのことに何の不思議さも感じなくなっています。でもそれではなんの答えにもなりません。あるいは、赤ん坊のときにはあれほど大変だった二本足で歩くことも、今では完全に慣れっこになり、ふだんは歩くことなんか気にしたことすらないでしょう。

もちろん、日常はこのような慣れっこなことがなければ、やり過ごせないのは確かなのですが、一〇〇パーセントそうであると人の意識は眠りこけてしまいます。要するに退屈な日常になってしまうのです。

そこで、慣れっこになってしまったその日常に目覚ましを与えるために、わざとさまざまな工夫をします。わざとわからないようにして、もう一度活を与え、しきり直しをするわけです。

私の好きな言葉に、ワルター・ベンヤミンの、「見知らぬ町を見知っている町のように、見知っている町を見知らぬ町のように散歩する」という言葉があります。

この前半部分、「見知らぬ町を見知っている町のように」は、未知を既知（すでに知っていること）にしながらということだと思いますが、後半部分の「見知っている町を見知らぬ町のように」は、慣れっこになっているものをもう一度知らないもののように見直すということではないでしょうか。すでに見慣れてしまったもの、慣れっこになってしまったものを、もう一度新しい見方で見直してみる。するとそれは突然未知のものに変わるときがあるのです。

『ロダンのココロ』という内田かずひろさんのマンガがあります（65ページ、レッスン8の問3を参照）。これは人間のしていることをいつも誤解《ごかい》したり勘違いしたりしてしまう犬のロダンを描いています。これなども、人間の文化とか習慣のような、つまり言いかえると人間にとっては慣れっこになっていることを、犬のロダンの目を通してリフレッシュさせ、当たり前ではないものにしてしまいます。「そうか、そういう見方もできるのか」と思わせるのです。

未知のものを既知のものにしてしまうことを「同化する」としましょう。すると、その反対である既知のものを未知にすることは「異化」となるでしょう。同化することで私たちは未知の世界をわかるようになっていきますが、常にそれは慣れっこになってしまうことと裏腹《うらはら》です。ですから、そこには反対の力、異化する力が常に必要なのであり、それによって私たちは常に新しいつながりをつくりながら、世界と自分を新しいものに更新していくでしょう。

異化という、わざとわからなくすることのためにも「考える」ことは必要なのです。

2 思いながら考える

「考える」と「思う」はいつもセットであるものです。何か問題があるとき、その問題を解きたいという思いがあって、はじめて考えることが生じてきます。たとえ問題がそこにあったとしても、そして、その存在を十分意識できたとしても、それを解きたいと思わなければ、それについて考えることは生じてきません。

人間はただ考えているだけではなく何かを思いながら生きているものです。ここでいう思いとは、気持ちであり、一つの対象をある時間をかけて心に持つことをいいます。人はおりにふれ、さまざまなこと、身近なことであれば、家族や故郷や恋人や友人や親しい人のことを思うものです。それは「思いやり」というときの思いと同じ意味です。思いやるとは、相手の心になって考えることでもあります。

相手を思うこともあれば、自分を思うこともあります。偉くなりたいとか、この問題を解いてみたいということも立派な思いです。

歩きながら考えるとき、人はその目的地のことを漠然《ばくぜん》とであれ思っています。あてもなく散歩するときですら、人は、たとえば気晴らししたいというような気持ち＝思いを持っているのです。そのような思いのないとき、ただ考えるのは何の役にも立たないでしょう。

あなたは何を思い、それゆえに何を考えて生きているのでしょうか。

入学試験とか、学校で行なうテストには制限時間というものがあり、一時間とか二時間内にその問題を解かなければなりません。そして、それができたとかできないとかでその人の能力が測られてしまいます。

でも、たったそれくらいの時間で解けるような問題というのは、本当は問題という言葉を使うのも変なくらいなのです。すでに解答があるのですからね。この時間で測ることのできる能力は、実はその解答をどれだけ記憶しているかという能力でしかないのです。

本当の問題には解答なんかありません。だから問題という言葉を使うのです。多くの大人たちは、その本物の問題に全身全霊をかけて、何カ月も、何年も、場合によっては何十年もかけてねばり強く取り組んでいるのです。考える力の強さだけではだめなのです。思いの強さがなければそのようなことはできません。

この世の中は、あらゆるジャンルでそのような本物の問題に取り組む有名、無名の人たちがいて、今、たとえ一ミリであれ前に向かって進んでいます。

すでに人が解いた問題の解答をどれだけ記憶しているかは、優秀さの基準とはほど遠いものであるにもかかわらず、そこを誤解してしまっている子どもたち教師たちがなんと多いことでしょうか。憂《うれ》います。

3 感じながら考える

さあ、あることを思いながら人は考えています。そのように歩いているとき、感じるということも忘れてはなりません。目や耳や足の裏からさまざまな感覚が伝わってきます。それはときには思うことや考えることのじゃまになる場合があります。ときには、思いや考えを忘れてしまい、道ばたの花に心を奪われてもいいのです。感覚を閉ざしてはいけないのです。それは、たとえば目的地に危険が迫っていることを教えてくれるだろうし、考えていることの解決を教えてくれるときすらあるのですから。

感覚というのは感覚器官を通して世界とつながっています。そして、私たちが考えているのはその世界についての問題なのです。感覚をとぎすまして観察ということをすると、その問題の解答は世界そのものが教えてくれるはずです。

何かを体験します。そこには、もちろん感覚が含まれています。ですから、とても個人的です。その個人的な体験を次の段階では「考える」ことで経験という、より普遍的《ふへんてき》でだれにもわかる地平にまで深め高めていくべきです。そのために言葉が活躍するのです。感覚で感じるだけでは考えることも言葉もいりません。

例をあげてみましょう。私たちの感覚で感じることのみを信じるならば、地動説《ちどうせつ》よりも天動説《てんどうせつ》の方が正しいですね。ところが、もっと他のさまざまな現象を「考えて」より大きな地平から見れば、地動説の説明の方が正しくなるのと同じことです。地動説の方がより普遍的だという言い方をします。

さて、ここからが大切なことです。それは、地動説と天動説との間に優劣《ゆうれつ》をつけてはならないのと同じように、感じることと考えることとの間に優劣をつけてはならないということです。なぜなら、どちらも人間にとって必要なものだからです。そして、何が、あるいは、どちらが正しいかということも、そんなに簡単には言えることではないということも知っておくべきでしょう。「正しさとは何なのか」について、私たちは、もっと厳密に考えてみる必要があると思います。

4 歩きながら考える

さて、考えることは大切なことなのですが、それを絶対化してはなりません。他の多くの活動と同じく考えることもまた、人間のする一部の活動にすぎないからです。ただ考えるだけの人生や人間では、それはそれでどこかがおかしいのです。

考えることはモーターとかエンジンに似ています。それだけではただ回っているだけで、つまり空転しているのです。モーターとかエンジンは何かを動かしてはじめてその役割をはたします。考えることも、他のことにつながっていかなければなりません。他のこととは、人間の生活のあらゆることと言ってもいいでしょう。

さあ、歩きながら考えてみましょう。人は歩くときに、さまざまなことをしています。まず、足を使っています。二本足です。猫とか犬にはできないことですね。もちろん手も使っています。何かを持っていたり、歩くのに合わせて手をふっています。目や耳つまり五感が敏感《びんかん》に働き、前や横から車とか自転車がきたらよけなければなりません。何かの音が聞こえてきます。食堂の前を通りかかると、おいしそうな匂《にお》いに思わずお腹がすいているのを思い出すかもしれません。手や足で食物と異性を獲得しなければなりません。それらのことすべてが考えることに微妙《びみょう》に影響を及ぼしています。

文字通り歩きながら、つまり散歩しながら考えることが私は多いのですが、この場合は、歩くことは「生きること」のたとえとして使っています。どんなに考えても生きなくては話にならないと私は考えますが、もちろん、それとはちがう意見もあるかもしれません。たとえば数学者や哲学者であるなら、考えることそのものが生きることなのかもしれません。

ところで、「では生きるとはどういうことなのか」と聞かれると、とたんにだれしもが返答に困ります。つまりわからないのです。これはだれにもわかりません。どんなに考えてもです。なぜかというと、死んだことのある人はいないからです。

この問いに答えるには、あなたが他の天体からやってきた異星人だとして、そのまなざしで冷静に人間のことを見てみるといいと思います。人間は他の動物と同じように手や足や感覚器官で外界につながり、その神経が脳に集められてある意志や思いを持ち、考え、それがまた手や足に返ってそれらを動かしています。もちろん、食物をとり生殖《せいしょく》し、安全を確保しながら生きていくためにです。

でも、これだと猿とか犬とどこがちがうのでしょうか。あまり変わらないですね。決定的にちがうのは脳が肥大化《ひだいか》して大脳前頭葉《だいのうぜんとうよう》というところがあることでしょうか。それは一体何をするところなのでしょうか。それこそ、まさに、考え、ものを作り出すところなのです。とするなら、やはり、人間は考えてこそ人間なのですね。

世界を感覚で感じ、脳で思い、考えながら、人間は世界を同化したり異化したりして常に新しく世界と自分を変化させつつ生きている動物です。そして、そのことを歩きながら考え、考えながら歩くと表現したいと思います。

5 合わせ鏡のように

「考えること」ってどういうことなんだろうか。それがきちんと書いてある本を探してみましたがなかなか見つかりません。結局、自分で考えることにしたのです。「考えるを考える」なんて、まるで、鏡の前にもう一つ鏡を置くようで気が遠くなりそうです。

でも、レッスン13で紹介した「考えるシート」の書きたいテーマ（A）には何が入ってもいいのですから、「考える」であっても原理的にはいいわけです。はたしてどうなることやらと、私は今少し腰が引けていますが、最後に「考える」を考えてみましょう。

①言いかえる——「考える」とはわかるためのプロセスです。
②整理し、分類する——この12項目そのものです。
③比べる——この解題の②～④で、思う・感じる・歩くなどと比べてみました。
④具体的には？ 抽象的には？——具体的な問題をつけました。この本全体が考えることの具体的作業です。
⑤ひらめく——読むこと、書くことと関連づけました。
⑥たとえる——エンジンやモーターにたとえました。
⑦思い・感じる——考えることが楽しくなるようにつくりました。
⑧サングラスを意識する——「考える」ことを特別視していないか警戒しました。

⑨「なぜ」と疑う——現在の国語教育を疑うために「考える」ことが必要です。
⑩「もしも」と仮定する——小学生・中学生用にシミュレーションしてみました。
⑪逆にする——この試みそのものです。
⑫全体を意識する——レッスン12で述べました。

さて、「考える」ということは、このように無限に続くものですが、どこかでそれを切り取ってこなければ、ただの乱反射《らんはんしゃ》に終わるでしょう。「書く」ということは（読むということも含めて）、その切り取りの一つの姿なのです。そして、その切り取り方は無限にあるものなのです。

解答例

本書は、「考える力」を伸ばすための問題集です。したがって、「答えが合っているかどうか」は、あまり重要なことではありません。「問いと格闘《かくとう》して考える」、その過程（プロセス）が重要です。そもそも、本書に設けられた「問い」に対する答えは一つではありませんし、答えというものは、解く人の数だけあるものなのです。ですから、ここに載っている解答は、あくまでも「解答例」程度に考えてください。実際、以下の解答は、私が主宰する「国語専科教室」の生徒たちに問題を解いてもらい、その中から適したものを解答例として載せました。そのため、多少、文章がこなれていないものや、解答例として個性的にすぎるものもあるかと思いますが、これも読者の方に自由な発想をしてほしいがゆえ、あえて手を加えずに掲載しました。ご了承ください。なお、レッスン13「『考えるシート』で書く」については、「記入例」を参考にしてください。

Lesson 1 言いかえる

問1

足——人が立ったとき、大地にふれる二本のぼう状のもの。歩いたり走ったりする働きをもつ。

鼻——動物の顔の真ん中にあって、呼吸をし、においをかぐ働きをするもの。

クジラ——海で生活している手足のない巨大な動物。魚と似ているが魚ではなく、哺乳類《ほにゅうるい》である。

葉——植物の枝の先についている。緑色の葉緑体《ようりょくたい》をふくみ、水と二酸化炭素と太陽の光からデンプンと酸素を作り出す。人間の科学ではできないことをする不思議な工場のような所。

学校——複数の生徒を集めて何らかの教育を行う機関、あるいはその建物のこと。

右と左——日本の道路において人が通行する側と車が通行する側。

走る——二本の足を交互《こうご》にずらしながら大地を移動する行為。

楽しい——喜ばしい。愉快だ。心からウキウキすること。

とにかく——これまでのことはさておいて。いずれにしても。何にせよ。

あなた——君。私と向かい合っている人に対する呼び方。

北——日の出の方向を向いたときの左手の方角。

問2

1——最も小さい数（自然数）、太陽の数、はじめ

3——交通信号の色数、じゃんけんのけんの種類の数

4——正方形の辺の数、幸運のクローバーの葉の数

5——片手の指の数、オリンピックのマークの輪の数

6——サイコロの面の数、小学校の学年の数

7——こぐま座の星の数、虹の色数、一週間の日数

8——タコの足の数、豆腐の角数

9——野球の試合に出られる1チームの人数

問3

①循環、サークル上を三角形が追いかけっこしている

②三つどもえ、三項対立

問4

①あく
②あばく
③あしからず
④あや
⑤あわや

問5

(1)

A――じめっと湿ったからだを地にはわせ、かたつむりがなめるように歩いているようす。

B――くもが自分の巣の真ん中でじっとして獲物を待っているようす。

C――あっちの花、こっちの花と自分のとまる花を探して、ちょうが羽をひらひらさせて飛んでいるようす。

D――夜、少し離れたところで、ぼうっとほたるがあかりをともしているようす。

E――茶色い小さなのみがピョンピョンとはねているようす。

(2)

詩――ろば

理由――短い言葉でろばをうまく表現できているから

詩――のみ

理由――「弾機《ばね》じかけ」というところが、いまにもとびはねそうなのみのようすをうまく表現しているから

(3)

『ネコ』――二つのビー玉がひだまりに向かってゆっくりと転がっていく。

『犬』――まるで我がもの顔で人間というお世話係を引き連れて歩いている。

Lesson 2 整理し、分類する

問1

3、6、9／2、4、5、7、8　基準……3で割れる数と割れない数

1、8／2、3、4、5、6、7、9　基準……形が左右対称なものと左右対称でないもの

1、9／2、8／3、7／6、4　基準……足して10になる数

1、2、3／4、5、6、7、8、9　基準……3以下の数とそれ以外、4未満の数とそれ以外

1、1、2、3、5、8／4、6、7、9　基準……二つの1からはじまり、直前の二つの数字を次々に加えていくことで得られる数とそれ以外（フィボナッチ数列になる数とそれ以外）

問2

頭がい骨、ろっ骨、目、筋肉、足、歯、神経、アキレスけん、つめ、指

基準――人の体の部分

消しゴム、鉛筆、国語、算数、理科、社会、校庭、テスト

基準――学校に関するもの

三葉虫、アンモナイト

基準――絶めつして化石になっているもの

問3

朝――算数の問題集をやって全問正解した。学校の宿題をするのを忘れていたので、あわててやった。

昼――給食の後の休み時間に「けいどろ」をやった。

夜――学校が終わってからくろえ君と遊んだ。夜はつかれたので早めに寝た。

『昨日の一日』

朝、六時五分に起床した。学校に行く前に算数の問題集をやったら全問正解だった。喜んだのもつかの間、学校の宿題をやっていないことを思い出して、あわててやった。

学校では一時間目に大好きな体育があった。その日の体育は鉄ぼうで、とても楽しかった。

お昼に給食のカレーを食べた後、クラスのみんなと「けいどろ」をした。

学校が終わってからはくろえ君と夕方までずっと遊んだ。遊びすぎてつかれたので、その日は早めに寝た。

問4

①**食べ物**――おにぎり、サンドイッチ、カレーパン

基準――コンビニで買える食べ物

②**大人**――ブッシュ大統領、小泉首相、堀江社長

基準――代表

③**本**――『星の王子さま』、『シャーロックホームズの事件簿』、『ドリトル先生航海記』

基準――外国文学

問5

(1)

①ことばはどうしてできたのか。赤ちゃんがはじめてしゃべることばが最古のことばなのか。何かおかしい。

②神様がアダムにもののナマエを教えたのが、ことばのはじまりなのか。

③神様の話は疑問だ。

④昔話とはほんとうに起こったことではない。

⑤昔の人は、神様を持ちだすことで何を言いたかったのか。

⑥私たち人間ももののにナマエをつける。

⑦例……子ねこ――コロちゃん。

⑧人間は自分にとって大切なものにナマエをつける。

⑨例……小さな毛布――クイクイ

⑩名前をつけることによって、人間は自分にとって大切なものをそうでないものと区別している。そのような人間の性質を、昔の人は「神様が教えた」ということで言いたかったのだろう。

(2)

ことばはどうしてできたのか。それは、赤ちゃんが最初に発したからでも、神様が教えたからでもない。私たち人間は、大切なものにナマエをつけることによって、自分にとって大切なものをそうでないものと区別しているのである。そのような人間の性質を、昔の人は「神様が教えた」ということで言いたかったのだろう。

Lesson 3

比べる

問1

同じところ――時を示す、人の生活になくてはならない、腕時計になる

ちがうところ――アナログ時計は秒針の音がするが、デジタル時計はしない、アナログ時計は残り時間がわかりやすいが、デジタル時計はわかりにくい、アナログ時計は高価なものが多いが、デジタル時計は安価なものが多い

問2

【本、コンピューター】

同じところ――文字が書いてある。

ちがうところ――本は紙に書いてある文字を読むが、コンピューターは画面に映っている文字を読む。

【鉛筆、シャープペンシル】

同じところ――字を書く。

ちがうところ――鉛筆は一本使い切ったら終わりだが、シャープペンシルはしんを入れかえれば何度でも使える。

【メガネ、サングラス】

同じところ――目にかける。

ちがうところ――メガネは視力が悪い人がかけるが、サングラスはまぶしいときに使う。

問3

冬眠――こんな詩ははじめて見た。黒い丸は丸くなって寝ている動物を表しているのだろうか。それとも、外から冬眠している動物を見ることができる穴かもしれない。

母と舟――言われてみれば、たしかに、母と舟という字は形がよく似ている。舟が海の上で船員を支えているように、母は地上で子どもたちを支えているのだと思う。また、舟が荷物を積むように、母は子どもを育てるという重みを背負っているのだろう。

問4

(1)

(ファンタージェンの国)と(元の現実)

(本の世界)と(自分の生きている現実)

(本を読むこと)と(目覚めて生きること)

(パリやニューヨーク)と(日本の都市)

(宇宙)と(地球)

(『はてしない物語』)と(はてしない物語)

(唯一で絶対的なもの)と(相対的であり人工的に作られたもの)

(2)
私たちはこの日本の都市をこそ、パリとかニューヨークのように豊かなものにしていかなければならないはずなのです。

それは宇宙から帰還して、私たちに地球についての気づきをもたらすためであり、滅んでいく地球環境の再生＝新しい現実を作り出すためではないでしょうか。

どんなにすばらしい本に夢中になっても、私たちは目覚めてわが身の生きる現実を直視し、そこから行動していかざるを得ないし、そうするべきです。

バスチャンのその後の物語を、今度は私たち一人一人の生きる現実で書き上げるべきだと気づいてくるのです。

Lesson 4 具体的には？ 抽象的には？

問1

● 農作
● パソコンや携帯電話、デジタルテレビなど、情報を伝えたり受け止めたりするための機器。
● 新聞社やテレビ局など多くの人々に情報を伝える機関、または職業。
● 古典

問2

野菜――大根、にんじん、キャベツ、玉ねぎ、レタス
病気――風邪、インフルエンザ、花粉症
文字――ひらがな、カタカナ、漢字、アルファベット
魚――マグロ、カツオ、ブリ、タイ、イワシ
時計――腕時計、目覚まし時計、かいちゅう時計

問3

道具――何かをするときに、手間をかけずに目的を達成できるようにする物。正しい直線を引くための定規《じょうぎ》や、鉛筆で書いた文字を消すための消しゴムなど。
成長――生物が精神的、肉体的に良いと思われる方向に変化すること。
しるし――他の物と見分けがつくようにするための字や形。
人――生物の中で一番知能が高く、二本足で歩行することができ、言葉を使って話すことができる動物。

問4

春――四季の中で一番眠い季節。花がいっせいに咲き出す。代表的な春の花は桜だ。花見でにぎわう季節でもある。
夏――四季の中で一番気温が高くなる季節。セミやカブトムシなど、虫が活発に動き出す。夏休みがあり、海やプールなどで遊べる楽しい季節であるが、台風や大雨など大きな災害も多い。
秋――木々の葉が落ちはじめる季節。もみじなどの葉が染まって紅葉が楽しめる。さつまいもや栗、きのこ類などがおいしい実りの季節でもある。「女心と秋の空」と言われるように、秋の空はころころと表情を変えていく。

問5

①文房具
②気持ち
③家具

問6

①祖父、祖母、父、母、姉
②国語、算数、理科、社会、家庭科
③サル、イルカ、ウシ、イヌ、ライオン

問7

①冬
②うれしい
③つなぐ
④重い

問8

①
● 学校の放課後の時間に、好きなことをして遊べるとき。
● 色鉛筆を持って真っ白の画用紙に向かうとき。

②
● 電車でお年寄りに席をゆずる人を見たとき。
● 友だちが誕生パーティーを開いてくれたとき。

③
●ブレーキのあまり利かない自転車で急な坂道を下るとき。
●大きな地震があって、家具がぐらぐらとゆれたとき。

④
●運動会のリレーで、クラスの友だちがバトンの落としてしまったとき。
●一生懸命練習していたのに、ピアノの発表会で友だちが失敗してしまったとき。

問9

①世界、国、日本、東京、恵比寿
②本、小説、長編小説、夏目漱石の書いた長編小説、『吾輩は猫である』
③食材、穀物、米、コシヒカリ、新潟県魚沼産のコシヒカリ

問10

(1)
●話をわかりやすくしたり、説得的にするため。
●語りの内容をシャープにするため。
●みずからの思考を豊潤《ほうじゅん》にするため。

(2)
人の思考

(3)
[個別(具体)の中に共通するものを抽出する]と[共通したものに、言葉(概念)を割り付ける]

(4)
概念を目に見えるように(イメージできるように)すること。
概念を現実と対応づけること。

(5)
情緒ノイズにとらわれないようにすること。

Lesson 5 ひらめく

問1

あるところに二匹の金魚がいました。二匹の金魚はずっと金魚ばちの中で飼《か》われていたので、外の池へ出てみたくなりました。二匹の金魚は死んだふりをすれば、飼い主が池に帰してくれるのではないかと考えました。そこで、さっそく二匹は死んだふりをしました。すると、飼い主はすぐにそれに気づき、二匹の金魚の予想どおり、池に帰してくれました。やっと二匹は自由になり、池で幸せに暮らしました。

問2

(1)

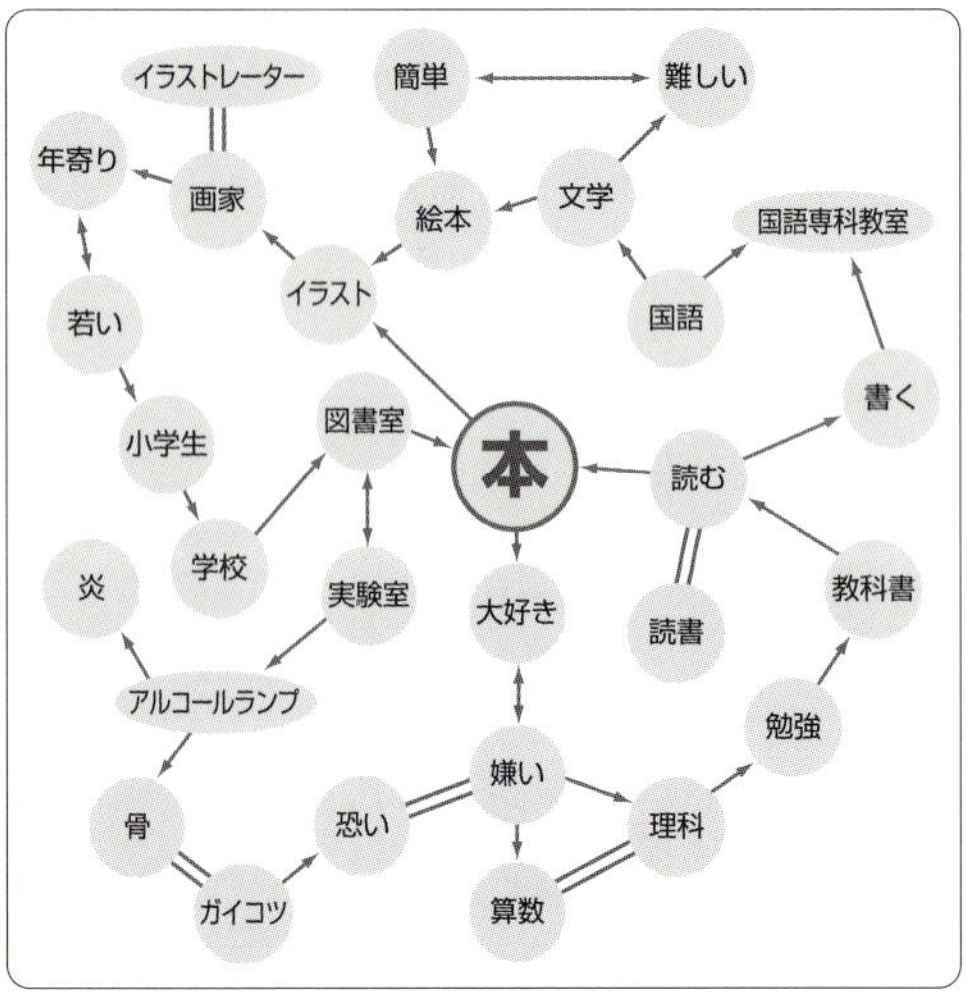

(2)
本を読むことは大好きだ。でも算数や理科は勉強だからあまり好きではない。でも、算数や理科の教科書を読むことは、本を読むことと同じである。そう考えると、本を読むことは、すべての勉強の基礎になるものである。実際、私の通っている国語専科教室でも、授業の中に読書の時間が組みこまれている。

問3

ミミズとコンピューター——ミミズもコンピューターの中の部品も小さいという点では同じである。しかし、ミミズは自然の生き物であり、コンピュータは人工の機械である。この点においては、両者は正反対である。

神と携帯電話——神は目に見えない。携帯電話の電波も目に見えない。しかし人は神を信じ、携帯の電波が存在すると信じている。人は見えないものを信じることができるのである。

ベランダとクマ——ベランダもクマも大きい。もし、家の中でクマを飼うのであれば、さしずめベランダは、クマにとってベッドといったところか。

風と電子レンジ——風も電子レンジの電子も目には見えない。でも、風は肌に触れる圧力を通して、電子は食べ物から発せられる熱を通して、感じることができる。

問4

(1) それぞれの人生

(2) 未知の明日の新しい「本文」を書こうとする。
希望ある現実を新しく構築していく。
(自分の身体を時空間に刻み込む)

Lesson 6 たとえる

問1

①卵、月、月にかかる雲
②鳥、肉、鳥、卵
③あぶらあげ、好む
④赤ずきん、白い肌、雪

問2

①老人
②かじ
③電圧
④地図

問3

(おしゃべり)な人を(テレビ/ラジオ/人形)に

問4

(1) きんもくせいのかおり

(2) **A**——きんもくせいのかおり
B——奏楽の音(音楽、秋の序曲)

(3) ●空気を媒介《ばいかい》にしている(空気により伝わる)ところ
●人々を酔《よ》わせ、心をなごませる
●目には見えない

(4) (朝の道をゆく少女)を(天使(の姿))に
——清らかなようすが似ているから。
(きんもくせいの花)を(オレンジいろの小さな星)に
——色と形が似ているから。

問5

(1) **A**——いちょうの黄葉
B——炎

(2) 色と形

(3) 自分たちの祖先が空から来た、つまり太陽の分身の炎として栄えていたものが、あるとき地上にふりおとされたという記憶。

(4) いつもむかえにきてほしいと願い、冬の前に全身で炎となるが、いつもむかえはこないまま地上に落葉してしまい、それが永遠にくりかえされるから。

Lesson 7 思う・感じる

問1

[物]
好き——本
嫌い——辞書
理由——本はおもしろい物語が書いてあるが、辞書にはそれがない。

[こと]
好き――サッカー
嫌い――なわとび
理由――サッカーは将来サッカー選手になりたいから好き。なわとびは以前に転んでしまって痛かったから嫌い。

[職業]
好き――医者
嫌い――政治家
理由――医者は人々の病気を治してくれるが、政治家は戦争をしかけたりして人々を苦しめるから嫌い。

問2
●テニスの試合ではじめて勝ったときのこと。
●「読書ってこんなに楽しいんだ」と気づいたときのこと。
●川でつった魚をはじめてさわったときのこと。
●林間学校ではじめて料理を作ったときのこと。

『読書』
私は『ドリトル先生航海記』という本を読んで、はじめて読書のおもしろさを知った。ドリトル先生のシリーズはすべて読み終えた。世の中にはまだ私の知らないおもしろい本がたくさんあると思うと、ワクワクする。

問3
問題――お母さんが勉強しろとうるさい。
解決策――言われる前に自分からやる。

問題――友達とゲームで遊ぶとき、ルールを守らない人がいてよくけんかになる。
解決策――ゲームをするときは、一回ずつ、ルールを確認しながらやる。

問題――自分の大切な物をなくすことが多い。
解決策――大切な物をしまった場所に自分だけがわかるしるしをつけておく。

問4
(1)
世界の中心は、世の中の中心よりも深く、すべての意味の源であるような中心。また、そこから愛が出入りするような中心。

Lesson 8
サングラスを意識する

問1
①不健康そう、あまり食べ物を食べていない、フリーター、運動は苦手だが頭は良い。
②サラリーマン、出世ばかり考えている、性格が悪い、「サギ」など悪いことをやっている。

問2
[体育]
先入観――男子の方が得意。
先生のイメージ――男の先生、力持ち、いつもジャージを着ている。

[国語]
先入観――女子の方が得意。
先生のイメージ――女の先生、優しそう、年とっている先生。

[算数(数学)]
先入観――むずかしい。
先生のイメージ――男の先生、きびしい、メガネをかけている。

[科学]
先入観――実験などが楽しい。
先生のイメージ――白衣を着た男の先生、話がおもしろい。

[哲学]
先入観――昔の人が考えたむずかしいこと。
先生のイメージ――おじいちゃんの先生、怒らない。

[文学]
先入観――本が好きな人が得意。
先生のイメージ――のんびりした先生、気が長い。

問3
オクさんは人間の先入観で「雨の日は散歩は無理」と思って、散歩を中止しようとした。でもロダンは犬なので雨にぬれても平気。だから散歩に行きたかった。そのことを伝えようとしたが、結局うまく伝わらなかった。

問4

(1) 父親の言葉は何度もくりかえされる同じような内容のものであり、少年の心にはとりたてて響いてこないこと。

(2) キリンなんかいるはずがないという気持ちと目の前の温かい感触を信じたいという気持ちの間でゆれている。

(3) ひとりぼっちでも弱音をはかずじっと耐えている自分と鳴き声をたてないキリンが似ていると思ったから。

(4) 背の低い少年にとってキリンはあこがれのようなものであり、また、親にもだれにも言わずはじめて自分の意志だけで行動を起こす動機になったものである。そんな自立への一歩を踏み出した少年にとって、都会の星は、雑踏にまみれた星ではなく、あこがれを宿した自分だけに見える星でもあった。

Lesson 9 「なぜ」と疑う

問1

柱Ⓐに、柱Ⓑ、Ⓒ、Ⓓの上部が垂直にくっついていて、直線上に並んでいる。しかし、柱Ⓑ、Ⓒ、Ⓓの下部が直線上に並んでいないことが不思議である。柱Ⓖと柱Ⓓ、Ⓔ、Ⓕについても同様のことが言える。

問2

不思議——テニス選手のサーブの球の速さが200キロ以上であること。

理由——200キロは新幹線と同じくらいの速さなのに、テニス選手は軽く打っていたから。

不思議——クジラが人間と同じ哺乳類《ほにゅうるい》であること。

理由——クジラは海で生活しているので魚と同じ仲間のような気がするから。

不思議——戦争があること。

理由——人間はみんな戦争をしたくないと思っているはずなのに、戦争が全然なくならないから。

問3

(1) ある時、作者が『青い鳥』を読んでみると、それは、本当の幸福は身近なところにあるという、それまで思いこんでいたような物語でなく、気づいた瞬間その幸福は手から離れ、たちまち失われてしまうという物語として読めた。作者は、明日に向かって希望を持って生きていかねばならない少年少女たちに、どうして『青い鳥』の作者・メーテルリンクがそんな人生の苦い真実をあえて語ろうとしたのかと謎に思った。

Lesson 10 「もしも」と仮定する

問1

①外国

②ふだんなかなか行くことができないし、海外旅行にはたくさんお金がかかるから。

③その国にしかないおいしい食べ物を食べたり、その国の友だちをたくさん作りたい。

④いつでも行きたいところに速く飛んでいける。でも、ふだんの生活では、羽がじゃまになる。電車の座席の3人がけのところでも、3人座れなくなってしまう。

問2

①

ストーブ、テレビ、ラジオ、アイロン、パソコン、TVゲーム機、オーブン、電話

②

(ストーブ)→(暖炉《だんろ》)

(電話)→(手紙)

(TVゲーム機)→(トランプ)

③

自動販売機、電車、街灯、ネオン、コピー機、銀行、スーパーのレジ、ナイターの照明、自動ドア

④ 電気は発電所で作られます。発電所で作る電気の量より私たちが使う量が多かったら、電気はなくなってしまいます。だから、夏など電気を多く使う季節は、節電などをして、電気を使いすぎないように注意する必要がある。

⑤ **『もし電気がなくなったら』**
もし電気がなくなったら、私たちは困ってしまう。なぜなら、私たちの生活のほとんどが、電気にたよっているからだ。大きな地震などで、電気がとまってしまったときなど、人々はパニックにおちいってしまう。だからこそ、ふだんから「もし電気がなくなったら」と考えてみることは大切だ。電気がなくなった場合を考えて、電気がなくなっても生活できるように準備しておけば、災害などいざというときに困らないですむ。

問3 このような世界の実情を知っている人も、一〇〇人中一人くらいしかいないのでしょう。なぜなら、テレビやコンピューターなどを持ち、世界の情報を知ることができる人というのは、実は限られているからです。世の中の大半の人は、頭の上に屋根のない生活をしています。そして、それが当たり前だと思っているのです。事実、そのような人が人類の七五％を占めています。これを読むと、何が当たり前の生活なのかがわからなくなります。

問4
(1) ニングルの言う「太陽」とは電気のこと。現代に生きる人間は、電気がなくなったら生活ができなくなってしまう。
(2) いつも太陽を作り出し、夜でも起きて、わけのわからないお金というものを数える仕事をしている。その太陽を作るために森をきり、川をせきとめ、大きな建物をつくり、ニングルたちをおびやかす生物。
(3) もしも、人間とよく似ていて自然とともに生活している「ニングル」という生物がいたとすれば、そのニングルから人間がどのように見えるだろうか、ということを導き出すために使われている。

Lesson 11 逆にする

問1
急がばまわれ——危ない近道をするよりも、安全なまわり道を行くほうが、結局は目標や目的に早く到達するということ。
負けるが勝ち——相手にゆずることが、結局は得になること。
逃げるが勝ち——無益な争いはさけるのが賢明であるということ。
将を射んとせば、まず馬を射よ——他人を自分の考えに従わせようとするなら、まずその人がたよりにしているものを従わせるのが、成功の近道であるということ。

問2
意味——善人でさえも極楽往生《ごくらくおうじょう》することができるのだから、まして悪人は必ず往生できる。
感想・意見——死後、善人は救われて天国に行き、悪人は罰《ばっ》せられて地獄に行く、というのが世の中の常識だと思っていた。だから、「いわんや悪人をや」のところが納得できない。

問3 酸素と水素が合わさって水ができる。
↔
水を分解することで、酸素と水素を作り出す。

問4 人に情けをかけるのは、その人のためになるだけでなく、それはめぐりめぐって自分にもよい報いがくるものだということ。

問5
(1) 死んでお墓に入ることが、逆転されて、自然そのものになり、死んでいるのではないということになっている。

Lesson 12 全体を意識する

問1

人が椅子に座る⟷椅子は人の尻でおおわれた

右手で左手を触る⟷左手は右手に触れられた

犬を散歩に連れて行く⟷犬の散歩に人がつき合わされる

ボールを投げる⟷ボールは人の手をはなれ、宙に浮かんだ

問2

新聞はすみからすみまで読むことは難しいし、連さい記事もあるので、一部で全体を理解することはできない。一方、本は、すみからすみまで読みやすい。また、一冊で一つのテーマを扱っているので、一冊読めば、そのテーマの全体を理解することができる。よって、本の方が一つの森としてまとまって見える。

問3

左の絵は、リンゴが落ちてくるのを知ったケロちゃんが、ケロ子ちゃんを助けているように見える。右の絵は、リンゴがかくれているので、ケロちゃんがケロ子ちゃんをただいじめているように見える。左の絵は遠くから見ているため、全体が見える。右の絵は、近づきすぎて、全体が見えない。同じ絵でも、全体を見るかどうかで、ちがって見える。

問4

※あなたは何と言いましたか。他の人の意見を聞いて、話し合ってみましょう。

問5

地動説とは、地球が自ら回っているという考え方で、天動説は天体が自ら回っているという考え方だ。つまり、天動説と地動説のちがいは、物の見方のちがいだ。地動説は、地球の外から地球に視点をおき、天動説は地球から外に視点をおいているのだ。

問6

①一九六九年人類はアポロ計画によって月におり立った。それには、二つの意味がある。一つは、一つの天体としての地球が認識できるようになったこと。もう一つは、学問的な意味で、地球上に残っていない記録が月には残っていて、その記録を元に地球のことが語れるようになったことである。

②一つの天体として見える地球とは、地球が、大気・海・大陸・生物圏・人間圏といった個別には見えず、全体としてのシステムに見えるということだ。現代という時代の意味をとらえるには、宇宙から人間圏を作って生きているように見える我々の存在とは何かということを問うてはじめてわかることだ。

③現代という時代は、地球システムの構成要素が変わり、新しく人間圏が出現したことに特徴がある。それは、これまでの文明論、人間論という既存の視点では語ることのできない変化である。今、地球上にいるあらゆる生物まで含めて、我々はどこへ行くのか、宇宙で孤独な存在なのかということをこれから語っていきたい。それは、学問的にも、従来の二元論、要素還元主義を超え、すべてを統合する二一世紀の科学としても必要なことである。

本書は、『子どもの「考える力」を伸ばす国語練習帳』（ＰＨＰ研究所／２００６）を改題・改訂したものです。

〈著者紹介〉
工藤 順一 （くどう・じゅんいち）
国語専科教室代表
1949年青森県に生まれる。立命館大学卒業。
日能研、ナカゼ東進教育研究所などを経て、1997年、国語専科教室をひらく。以降「きちんと本にかじりつく子どもを育てる」「文章の書ける子どもを育てる」をモットーに、一貫してほんとうに本好きな子ども、自分で考える子どもを育てている。
［おもな著書］
『なつかしい未来の世界—荒川修作の仕事』（新曜社）、『国語のできる子どもを育てる』（講談社現代新書）、『作文王 プライマリー・スタンダード・トップレベル』（学習研究社）、『文書術』（中公新書）、『これで書く力がぐんぐんのびる!!』『これで読む力がぐんぐんのびる!!』（以上、合同出版）など多数。

〈執筆協力〉
石塚 廉 （いしづか・れん）
早稲田大学卒業。大学在学中の2005年から国語専科教室に参加。教材開発やカリキュラムの整備に携わっている。

■国語専科教室へのお問い合わせ
教室の詳細は以下のホームページをご覧ください。
http://www.kokusen.net/

これで考える力がぐんぐんのびる!! 国語練習帳

2011年5月10日 第1刷発行
2013年6月25日 第2刷発行

著 者 工藤順一
発行者 上野良治
発行所 合同出版株式会社
東京都千代田区神田神保町1-28
郵便番号 101-0051
電話 03（3294）3506／FAX 03（3294）3509
URL http://www.godo-shuppan.co.jp/
振替 00180-9-65422

印刷・製本 新灯印刷株式会社

■刊行図書リストを無料送呈いたします。
■落丁乱丁の際はお取り換えいたします。

ISBN978-4-7726-1033-9 NDC817 257×182

イラスト版 ロジカル・コミュニケーション
子どもとマスターする50の考える技術・話す技術

三森ゆりか【監修】

子どもとマスターする論理的で知的な話し方、書き方のこつ。

02年／B5判／112ページ／1600円／好評14刷

イラスト版 こころのコミュニケーション
子どもとマスターする49の話の聞き方・伝え方

有元秀文＋輿水かおり【監修】

コミュニケーションを通じて、こころ豊かな子どもを育てる一冊。

03年／B5判／112ページ／1600円／好評10刷

イラスト版 気持ちの伝え方
コミュニケーションに自信がつく44のトレーニング

高取しづか＋JAMネットワーク【監修】

どんなときでも自分の気持ちや考えをうまく表現するわざ教えます。

07年／B5判／112ページ／1600円／好評6刷

イラスト版 子どものソーシャルスキル
友だち関係に勇気と自信がつく42のメソッド

相川充＋猪刈恵美子【著】

友だち関係に悩む子どもたちに、これだけは教えたい人づきあいの技術。

11年／B5判／112ページ／1600円／最新刊

イラスト版 気持ちが伝わる言葉の使い方
子どもとマスターする49の敬語

花田修一【編】

わかりやすい解説と、楽しいゲームやワークで、敬語がわかる！ 身につく！

10年／B5判／112ページ／1600円

イラスト版 からだに障害のある人へのサポート
子どもとマスターする40のボランティア

横藤雅人【編】

障害を持つ人やお年寄りへの、適切なサポートの方法に自信が持てます。

10年／B5判／112ページ／1600円

＊別途消費税がかかります。

ぼくは13歳職業、兵士。
あなたが戦争のある村で生まれたら
鬼丸昌也＋小川真吾【著】

はじめて知る、子どもたちの悲惨な現実。平和な世界にいるあなたへのメッセージ。

05年／A5判／144ﾍﾟｰｼﾞ／1300円／好評8刷

わたし8歳、カカオ畑で働きつづけて。
児童労働者とよばれる2億1800万人の子どもたち
ACE【編】

児童労働がなぜ起きるのか、なぜやめさせなければならないのか。児童労働がわかる入門書。

07年／A5判／176ﾍﾟｰｼﾞ／1300円／好評5刷

ぼくは12歳、路上で暮らしはじめたわけ。
私には何ができますか？　その悲しみがなくなる日を夢見て
国境なき子どもたち（KnK）【編著】

子どもたちが野良犬のように扱われる社会をだれが作った？　問いかけることが第一歩になる。

10年／A5判／160ﾍﾟｰｼﾞ／1300円

クラスター爆弾なんてもういらない。
世界から兵器をなくすみんなの願い
清水俊弘【著】

「第二の地雷」クラスター爆弾の犠牲者たちが世界に訴える現実と課題。

08年／A5判／152ﾍﾟｰｼﾞ／1400円

ぼくは毒ガスの村で生まれた。
あなたが戦争の落とし物に出あったら
化学兵器CAREみらい基金【編著】　吉見義明【監修】

大戦中日本軍により中国の戦場に放置された毒ガス兵器が、今もなお多くの人を傷つけている。

07年／A5判／160ﾍﾟｰｼﾞ／1300円／好評2刷

ぼくは8歳、エイズで死んでいくぼくの話を聞いて。
南アフリカの570万のHIV感染者と140万のエイズ孤児たち
青木美由紀【著】

家族をエイズで亡くし自らもエイズで死んでいく子どもたち。W杯開催に沸く南アフリカの真実。

10年／A5判／152ﾍﾟｰｼﾞ／1300円

＊別途消費税がかかります。